상속과 증여를 함께 고민한 부동산과 세금

2023년 부동산 세금 상식백과

상속과 증여를 함께 고민한 부동산과 세금

영우회계법인 부동산 분야 스페셜리스트

| 우영제 | 이상규 | 이상벽 | 남경식 | 이선기 |
| 회계사 | 회계사 | 회계사 | 회계사 | 회계사 |

머 리 말

"상속과 증여를 함께 고민한 부동산과 세금"

가장 최근 정보가 있다는 인터넷을 이리저리 둘러봐도 단편적인 지식 가득할 뿐 체계적인 정리를 토대로 궁금한 부분을 콕콕 집어서 알려주는 자료를 찾기는 쉽지 않았습니다.

이러한 현실적인 고민을 갖고 있는 수많은 분들과의 상담 경험을 바탕으로 그 고민에 조금이나마 도움을 드리기 위하여 이 책을 집필하였고 아래와 같이 구성하였습니다.

1장. 부동산 취득(취득세 편)
2장. 부동산 취득자금(자금조달계획서 편)
3장. 부동산 취득자금(차용증 편)
4장. 부동산 매각(양도세 편)
5장. 부동산 증여(증여세 편)
6장. 부동산 상속(상속세 편)

마지막으로 이 책은 목차를 통해 지금 당장 궁금한 부분을 해결하고 더 나아가 그와 관련해서 궁금해야 하는 부분까지 쉽게 확인할 수 있게 구성하였으니 목차를 잘 활용해보시길 바랍니다.

아무쪼록 이 책자가 독자분들의 세금에 대한 궁금증 해소에 다소나마 도움이 되기를 바랍니다.

감사합니다.

영우회계법인 대표이사 우영제

차 례

PART 01 취득세편

01 부동산을 매매로 취득하면 꼭 해야할 일들 · 16
02 취득세는 부동산을 취득할 때 납부하는 세금이죠? · 17
03 공짜로 증여받은 재산도 취득세를 납부하나요? · 18
04 주식을 매입했는데 취득세를 납부해야 하는 이유는? · 19
05 취득세는 언제까지 납부해야 하나요? · 21
06 취득세에 따라오는 세금이 있다 · 23
07 취득세를 부모님이 대신 납부해줄 수 있나요? · 25
08 취득세의 과세표준금액은 무엇인가요? · 26
09 주택수는 어떻게 산정하나요? · 28
10 상속주택도 주택 수에 포함되나요? · 30
11 생애 첫 아파트 구입시 취득세 혜택이 있나요? · 32
12 아파트 매매시 취득세 표준세율은 얼마인가요? · 34
13 아파트가 많아지면 달라지는 취득세율 · 35
14 다주택자에 대한 취득세 중과가 완화되었다는 이야기를 들었다? · 37
15 저가주택은 매매로 취득해도 중과되지 않는다고? · 39
16 증여로 아파트를 받으면 매매로 취득할 때와 세율이 다르다? · 41
17 아파트를 상속받으면 취득세율은? · 43
18 상가를 취득할 때 세금납부의 기준금액은 무엇인가요? · 44
19 취득세가 중과되는 상가도 있다고? · 46
20 증여받은 토지를 감정평가받으면 취득세 과세표준은? · 48
21 상속받은 토지의 감정평가가 유리한 경우 · 49

PART 02 자금조달계획서편

- 01 주택 자금조달계획서는 언제 생겼나요? · 54
- 02 자금조달계획서는 왜 생겼나요? · 56
- 03 자금조달계획서는 누가 제출하나요? · 57
- 04 아파트를 구입하면 자금조달계획서를 꼭 제출해야 하나요? · 58
- 05 자금조달 증빙서류도 제출해야 한다던데? · 60
- 06 자금조달계획서 증빙서류를 아직 준비할 수 없다면? · 63
- 07 토지까지 자금조달계획서가 필요한가요? · 65
- 08 설마 상가를 구입해도 자금조달계획서가 필요한가요? · 68
- 09 법인도 자금조달계획서를 제출해야한다! · 69
- 10 자금출처조사 검증대상자는 어떻게 선정하나요? · 71
- 11 자금출처조사 대상자가 되었던 유형들 · 73
- 12 (실전작성사례) 미래소득을 기재해도 될까요? · 74
- 13 (실전작성사례) 신고하지 않은 사업소득이 있다면? · 78
- 14 (실전작성사례) 주식투자로 인한 수익을 사용한다면? · 82
- 15 (실전작성사례) 복권당첨금액이 있다면? · 86
- 16 (실전작성사례) 배우자 통장에 있는 자금을 사용하면? · 90
- 17 (실전작성사례) 혼인신고를 미루고 있는 경우에는? · 94
- 18 (실전작성사례) 가족 간 차입금이 있는 경우에는? · 98
- 19 (실전작성사례) 예전에 부모님께 지원받은 전세보증금을 활용하면? · 102
- 20 (실전작성사례) 상속받은 예금이 있다면? · 106
- 21 (실전작성사례) 축의금은 누구의 자금인가요? · 110

PART 03 차용증편

01 자금조달계획서를 작성할 경우에만 차용증을 작성하나요? · 116
02 차입금 관리를 못하면 세금폭탄을 맞을 수도? · 117
03 차용증을 세무서에 언제까지 신고해야 하나요? · 119
04 차용증 작성방법 · 120
05 차용증 공증보다 중요한 것 · 121
06 공증보다 저렴한 내용증명 보내는 방법 · 122
07 가족 간 자금거래시 꼭 확인해야 할 법정 기준이자율 · 124
08 반드시 법정이자율을 지급해야 하나요? · 126
09 무이자도 가능하다고? · 128
10 이자의 시급시기 · 130
11 이자지급을 하지 않았을 때 지금 해야할 일 · 132
12 10년 후에 돌려드려도 될까요? · 134
13 분명히 이자를 지급했는데 과세되는 이유(형제자매) · 135
14 분명히 이자를 지급했는데 과세되는 이유(현금입출금) · 136
15 이자지급액에 대한 원천징수 · 137
16 2천만원 이하의 이자가 종합소득세에 미치는 영향 · 139
17 차용증과 상속세의 관계 · 140
18 (차용증 작성사례) 1억원을 법정이자율로 차입하는 경우 · 142
19 (차용증 작성사례) 1억원을 무이자로 차입하는 경우 · 144
20 (차용증 작성사례) 5억원을 최소이자율로 차입하는 경우 · 147

PART 04 양도세편

01 부동산도 아닌데 왜 양도세 신고를? · 152
02 정확한 부동산 취득일과 양도일 · 154
03 양도세는 어떻게 계산하나요? · 156
04 양도세를 줄일 수 있는 지출증빙이 있다? · 158
05 이자지급액은 양도세를 줄일 수 있을까? · 160
06 양도세는 언제까지 신고하고 납부해야하나요? · 162
07 양도세를 다시 신고해야 하는 경우 · 163
08 중요한 1세대의 기준 · 165
09 1주택을 얼마나 보유해야 비과세 받을 수 있나요? · 167
10 비과세되는 1주택에 세금이 나오는 이유 · 169
11 고가 1주택과 장기보유특별공제율 · 171
12 주택 양도세율 · 174
13 주택 양도차익이 5억원이면, 양도세는 얼마인가요? · 176
14 저가주택을 양도해도 중과되나요? · 180
15 상속주택이 있을 때 비과세 받는 방법 · 182
16 주택의 지분만 상속받은 경우의 주의사항 · 184
17 다가구주택의 1세대 1주택 비과세방법 · 186
18 부부 공동명의 주택은 양도세가 얼마나 줄어들까? · 188
19 상속과 다른 혼인으로 인한 2주택 · 191
20 상가를 매각해도 토지를 양도한 것, 토지는 얼마일까? · 193

21 상가주택의 양도세 계산방법 • 195
22 상가 양도과정에서 발생한 명도비 활용법 • 197
23 토지의 양도세 계산은 주택과 다르다 • 199
24 얼마에 구입했는지 모르는 토지를 양도한다면? • 201
25 비사업용토지를 양도할 때 불리한 점은? • 203
26 농지는 비사업용토지가 될 수 있다 • 205
27 1억원의 세금을 깎아주는 토지가 되려면? • 206
28 반드시 알아야 할 상속받은 자경농지 양도기한 • 208

PART 05 증여세편

01 5천만원까지는 세금이 없다 • 212
02 5천만원은 10년간 단 한 번 • 214
03 1억 4천만원을 세금없이 주는 방법 • 216
04 아버지 5천만원, 어머니 5천만원, 세금없이 받을 수 있을까? • 217
05 할아버지 5천만원, 아버지 5천만원, 세금없이 받을 수 있을까? • 219
06 성인이 되는 날 추가로 받을 수 있는 금액은? • 221
07 용돈은 1억원도 세금이 없다?! • 223

08 할아버지의 용돈에 증여세가 과세되는 이유 · 225
09 5억원을 증여받으면 세금이 얼마일까? · 227
10 세금없이 5억원 받는 방법 · 229
11 프랜차이즈 커피전문점은 5억원을 받을 수 있나요? · 231
12 부동산 증여 절차 · 233
13 부동산을 증여받으면 부담하는 세금 · 234
14 10억원의 부동산, 증여세는 얼마인가요? · 235
15 증여세는 언제까지 신고해야하나요? · 237
16 지금 당장 내는 증여세 줄이는 방법 · 238
17 증여받은 아파트는 얼마일까? · 240
18 시세가 급락한 아파트의 증여취소 골든타임 · 242
19 아파트를 매매했는데 증여세가 나올 수 있다? · 244
20 부모님 소유의 아파트에 증여세없이 거주하는 방법 · 246
21 토지는 어떻게 평가하나요? · 248
22 대출을 받아야 한다면 반드시 증여세 폭탄주의 · 250
23 영농자녀가 농지를 증여받으면 세금이 없다 · 251
24 큰 상가와 작은 상가는 평가방법이 다르다 · 253
25 상가를 받으면 증여세가 줄어드는 이유 · 255
26 상가(겸용)주택의 기준시가 구하는 방법 · 257

PART 06 상속세편

01 장례를 치르고 해야 할 일 · 262
02 법으로 상속인을 정해 준다고? · 265
03 상황별로 달라지는 배우자의 상속순위 · 267
04 법대로 하면 받을 수 있는 재산은? · 269
05 배우자라도 상속재산의 50%를 받을 수 없다 · 271
06 상속인간 재산분할을 원만하게 합의할 수 있다면? · 273
07 자녀들이 재산분할 협의를 했지만 유언장이 있었다면? · 276
08 유언장에 나만 없다면? · 278
09 반드시 3개월 내에 법원에 가야 하는 경우 · 280
10 피상속인의 빚이 많은 경우 현실적인 선택 대안 · 282
11 상속세는 어떻게 계산하나요? · 284
12 상속세는 언제까지 신고해야하나요? · 286
13 세무서가 상속세신고서를 검토하는 기한 · 288
14 끝날 때까지 끝난 것이 아닌 상속세 조사 · 290
15 부동산을 상속받는 경우 상속인이 부담해야 할 세금 · 292
16 적극적으로 활용해야 하는 상속세 분할납부 · 293
17 매매사례가액과 감정가액 중 무엇으로 아파트를 평가하나요? · 295
18 10억원의 아파트뿐이라면 세금이 없을까? · 296
19 자격있는 자녀가 아파트를 받으면 세금이 줄어든다 · 298

20 20억원의 아파트를 상속받을 때 배우자공제를 활용한다면? · 300
21 손자녀에게 재산을 이전하는 경우 주의사항 · 302
22 수용된 토지는 어떻게 평가할까? · 304
23 감정평가를 몇 군데 받아야 하나요? · 306
24 손자녀에게 토지를 사전증여하면 좋은 이유 · 308
25 상가임대료에 따라 상속세가 달라진다? · 310
26 국세청이 강제로 감정평가하는 상가 그리고 가산세 · 312
27 상속받은 재산을 팔고 싶어도 참아야 하는 기간 · 315

2023년 부동산 세금 상식백과

PART 01

취득세편

- 01 부동산을 매매로 취득하면 꼭 해야할 일들
- 02 취득세는 부동산을 취득할 때 납부하는 세금이죠?
- 03 공짜로 증여받은 재산도 취득세를 납부하나요?
- 04 주식을 매입했는데 취득세를 납부해야 하는 이유는?
- 05 취득세는 언제까지 납부해야 하나요?
- 06 취득세에 따라오는 세금이 있다
- 07 취득세를 부모님이 대신 납부해줄 수 있나요?
- 08 취득세의 과세표준금액은 무엇인가요?
- 09 주택수는 어떻게 산정하나요?
- 10 상속주택도 주택 수에 포함되나요?
- 11 생애 첫 아파트 구입시 취득세 혜택이 있나요?
- 12 아파트 매매시 취득세 표준세율은 얼마인가요?
- 13 아파트가 많아지면 달라지는 취득세율
- 14 다주택자에 대한 취득세 중과가 완화되었다는 이야기를 들었다
- 15 저가주택은 매매로 취득해도 중과되지 않는다고?
- 16 증여로 아파트를 받으면 매매로 취득할 때와 세율이 다르다
- 17 아파트를 상속받으면 취득세율은?
- 18 상가를 취득할 때 세금납부의 기준금액은 무엇인가요?
- 19 취득세가 중과되는 상가도 있다고?
- 20 증여받은 토지를 감정평가받으면 취득세 과세표준은?
- 21 상속받은 토지의 감정평가가 유리한 경우

01 부동산을 매매로 취득하면 꼭 해야할 일들

질문

매매계약에 의해 부동산을 취득하면 무엇을 어디에 신고해야 하나요?

키워드

#부동산거래신고, #취득세신고, #등기접수

답변

- 부동산매매계약을 체결한 경우에는 부동산의 종류, 거래가격 등의 사항을 계약체결일로부터 30일 이내에 부동산 소재지 관할 지자체에 신고해야 합니다.
- 만약 해당 부동산이 투기과열지구 내 주택이라면, 부동산 거래신고사항에 자금조달계획서와 관련 자금조달증빙도 제출해야 합니다.
- 부동산 거래신고 후에는 매매계약서 및 취득세 신고서 등을 준비하여 취득일로부터 60일 이내 관할 구청에 취득세 신고를 해야 합니다.
- 또한 잔금일로부터 60일 이내에 취득세 납부영수증 및 등기신청서 등을 준비하여 해당 부동산 소재지 관할 등기소에 등기신청을 합니다.

참고

부동산거래신고법 제3조(부동산 거래의 신고)
① ...그 실제 거래가격 등 대통령령으로 정하는 사항을 <u>거래계약의 체결일부터 30일 이내</u>에 그 권리의 대상인 부동산등의 소재지를 관할하는 시장·군수 또는 구청장에게 공동으로 신고하여야 한다.
1. 부동산의 매매계약

02 취득세는 부동산을 취득할 때 납부하는 세금이죠?

질문
취득세는 부동산을 취득할 때 납부하는 세금이죠?
부동산이 아닌 차량 등 다른 자산을 구입하면 취득세와 상관없죠?

키워드
#부동산 등

답변
- 취득세의 주요 과세대상은 토지, 건축물 등의 부동산입니다.
- 하지만 과세대상이 부동산만이 아니기에 지방세법에서는 취득세 과세대상을 부동산"등"이라고 표현하고 있습니다.
- 즉, 부동산 뿐만 아니라, 차량, 기계장비, 선박, 항공기 등의 자산도 취득세 과세대상입니다.
- 또한 위의 자산 외에 골프회원권, 종합체육시설 이용회원권 등의 권리 역시 취득세 과세대상에 포함됩니다.

참고

지방세법 제7조【납세의무자 등】
① 취득세는 부동산, 차량, 기계장비, 항공기, 선박, 입목, 광업권, 어업권, 양식업권, 골프회원권, 승마회원권, 콘도미니엄 회원권, 종합체육시설 이용회원권 또는 요트회원권(이하 이 장에서 "<u>부동산등</u>"이라 한다)을 취득한 자에게 부과한다.

03 공짜로 증여받은 재산도 취득세를 납부하나요?

질문

부동산을 매매로 취득하는 경우에만 취득세를 납부하나요?
혹시 매매가 아닌 증여받는 경우에도 취득세를 납부해야 하나요?

키워드

#유상취득, #무상취득

답변

- 지방세법에서 말하고 있는 취득은 유상취득 뿐만 아니라 무상취득 등 모든 사실상의 취득을 대상으로 하고 있습니다.
- 즉, 매매거래로 인한 유상취득 뿐만 아니라 상속 및 증여로 인한 무상취득도 취득행위에 포함됩니다.
- 또한 기존에 존재하던 부동산을 타인에게서 승계취득하는 것 뿐만 아니라 건물 신축 등의 원시취득 역시 취득에 해당합니다.

참고

지방세법 제6조【정의】

1. "취득"이란 매매, 교환, 상속, 증여, 기부, 법인에 대한 현물출자, 건축, … 등과 그 밖에 이와 유사한 취득으로서 원시취득, 승계취득 또는 유상·무상의 모든 취득을 말한다.

04 주식을 매입했는데 취득세를 납부해야 하는 이유는?

질문

간주취득세를 납부하라고 하는데, 간주취득이 무엇인가요?

키워드

#지분취득 ≒ 부동산취득

답변

- 비상장법인의 주식을 취득하여 과점주주가 되는 경우, 그 과점주주는 법인의 부동산을 취득한 것과 유사한 경제적 효과를 얻습니다.
- 즉, 주식을 취득했지만, 실질적으로 부동산을 취득한 것으로 간주하기에 취득세를 납부해야 합니다.
- 참고로 과점주주는 법인의 발행주식 총수의 50%를 초과하면서 그에 관한 권리를 실질적으로 행사하는 자들을 말합니다.

참고

지방세법 제7조【납세의무자 등】
⑤ 법인의 주식 또는 지분을 취득함으로써 「지방세기본법」 제46조 제2호에 따른 과점주주(이하 "과점주주"라 한다)가 되었을 때에는 <u>그 과점주주가 해당 법인의 부동산등(법인이 「신탁법」에 따라 신탁한 재산으로서 수탁자 명의로 등기·등록이 되어 있는 부동산등을 포함한다)을 취득한 것으로 본다.</u>

Q 과점주주에 해당하는지는 어떻게 판단하나요?
A 과점주주 해당여부는 주주 1인의 지분을 기준으로 판단하지 않고, 과점주주집단 전체의 지분비율로 판단합니다.

Q 기존 과점주주인 아버지에게서 특수관계자인 자녀가 주식 일부를 이전받아도 간주취득세 납부대상인가요?
A 과점주주 전체 기준으로 보유한 총 지분율에 변동이 없는 경우에는 간주취득세 과세대상에 해당하지 않습니다.

Q 법인을 설립하며 지분 100%를 소유하고 있는 경우에도 간주취득세를 납부해야 하나요?
A 법인설립시 발행하는 주식을 취득하여 과점주주가 된 경우에는 간주취득세 과세대상이 아닙니다.

05 취득세는 언제까지 납부해야 하나요?

질문

취득세는 언제까지 납부해야 하나요?
취득일로부터 60일 이내에 납부한다고 생각하면 될까요?

키워드

#매매 60일, #증여 3개월, #상속 6개월

답변

- 부동산 등을 매매로 유상취득한 경우에는 취득한 날로부터 60일 이내에 취득세를 납부해야 합니다.
- 상속으로 과세물건을 취득한 경우의 취득세 납부기한은 취득일이 속하는 달의 말일로부터 6개월 이내입니다.
- 증여(무상취득)의 경우 취득세 납부기한은 취득일로부터 60일 이내였습니다. 하지만 2023년부터 증여(무상취득)의 경우 취득일이 속하는 달의 말일로부터 3개월 이내 납부하는 것으로 기한이 연장되었습니다.

참고

지방세법 제20조【신고 및 납부】
① 취득세 과세물건을 취득한 자는 그 취득한 날부터 60일[무상취득(상속은 제외한다)으로 인한 경우는 취득일이 속하는 달의 말일부터 3개월, 상속으로 인한 경우는 상속개시일이 속하는 달의 말일부터 6개월 이내에...]

PART 01 취득세편 21

Q 취득일을 기준으로 일정기한 내에 취득세를 납부하는데, 취득일이 언제인가요?

A 일반적으로 부동산 유상취득의 경우에는 잔금지급일을 취득일로 보고 있습니다. 그리고 증여취득의 경우에는 증여계약일, 상속취득의 경우에는 상속개시일이 취득일에 해당합니다.

Q 23년부터 증여취득으로 인한 취득세의 납부기한이 연장되었는데, 그 이유는 무엇인가요?

A 23년부터 부동산을 무상취득하는 경우, 시가인정액을 취득세 과세표준으로 적용하는 규정이 적용됩니다. 이때 시가인정액 산정에 소요되는 기간을 고려해야 하기에 증여취득으로 인한 취득세의 납부기한이 연장되었습니다.

06 취득세에 따라오는 세금이 있다

질문

부동산을 취득할 때 취득세 외에 다른 세금을 생각할 필요는 없죠?

키워드

#농어촌특별세, #지방교육세

답변

- 부동산을 취득할 때에는 취득세 뿐만 아니라 지방교육세와 농어촌특별세도 납부해야 합니다.
- 주택을 매매로 취득하여 취득세 표준세율(1% ~ 3%)이 적용되는 경우, 지방교육세는 0.1% ~ 0.3%의 세율이 적용됩니다.
- 농어촌특별세는 취득세액을 기준으로 10% 세율이 적용됩니다. 취득세 표준세율(1% ~ 3%)이 적용되는 경우, 농어촌특별세는 0.2%의 세율이 적용됩니다. 단, 국민주택규모 이하의 주택은 농어촌특별세 비과세대상입니다.

참고

지방세법 제11조【부동산 취득의 세율】

8. 나. 취득당시가액이 6억원을 초과하고 9억원 이하인 주택: 다음 계산식에 따라 산출한 세율.

$$(\text{해당 주택의 취득당시가액} \times \frac{2}{9억원} - 3) \times \frac{1}{100}$$

Q 주택을 매매로 취득하여 취득세 표준세율(1% ~ 3%)이 적용되는 경우, 지방교육세와 농어촌특별세까지 고려하면 총 세율은 얼마인가요?

A 1.3% ~ 3.5%입니다.

취득세	지방교육세	농어촌특별세	합계(%)
1.0~3.0	0.1~0.3	0.2	1.3~3.5

Q 농어촌특별세를 납부하지 않는 경우도 있나요?

A 국민주택규모($85\,m^2$)이하의 주택은 농어촌특별세 비과세대상입니다.

취득세	지방교육세	농어촌특별세	합계(%)
1.0~3.0	0.1~0.3	—	1.1~3.3

Q $85m^2$를 초과하는 주택은 국민주택규모에 해당하지 않는 것인가요?

A 수도권정비계획법에 따른 수도권을 제외한 도시지역이 아닌 읍 또는 면 지역에서 1세대당 주거전용면적이 $100\,m^2$ 이하인 주택은 국민주택규모에 해당합니다.

07 취득세는 부모님께 부탁해도 되겠죠?

질문
주택을 구입할 자금을 정확하게 마련하였습니다.
취득세 정도는 부모님이 대신 납부해줘도 괜찮겠죠?

키워드
#취득한 자

답변
- 취득세는 부동산 등 취득세 과세대상 물건을 취득한 자가 납부해야 합니다.
- 부동산을 취득한 자녀가 납부해야 할 취득세를 부모님이 대신 납부하는 경우에는 원칙적으로 증여에 해당합니다.
- 직계비속인 자녀에게는 5천만원의 증여재산공제가 있지만, 이미 공제액을 사용한 경우에는 취득세 대납으로 인해 증여세를 부담해야 할 수도 있습니다.
- 그렇기에 부동산 취득시에는 자녀의 정당한 취득자금마련 뿐만 아니라 취득세 등의 세금납부행위에도 유의해야 합니다.

참고
상증세법기본통칙 47-0…4 【부대비용의 증여세과세가액 산입】
증여재산을 취득하는데 소요된 부대비용을 증여자가 부담하는 경우에는 그 부대비용을 증여가액에 포함한다.

08 내가 생각하는 취득세 예상액과 달라지는 이유 (과세표준)

질문
취득세는 과세표준에 세율을 곱해서 산출되는데, 과세표준금액은 무엇인가요?

키워드
#취득의 종류

답변
- 유상승계취득의 경우, 물건을 취득하기 위해 상대방에게 지급한 가액을 취득세 과세표준으로 합니다.
- 증여로 인한 무상취득의 경우, 취득세 과세표준은 2022년까지는 시가표준액 기준이었으나, 2023년부터는 불특정다수인 사이의 거래금액인 시가인정액 개념이 도입되었습니다.
- 상속에 따른 무상취득의 취득세 과세표준은 시가표준액입니다. 증여와 달리, 상속취득에서는 시가인정액이 과세표준으로 적용되지 않습니다.

참고
지방세법 제10조의 2【무상취득의 경우 과세표준】
① 부동산등을 무상취득하는 경우 제10조에 따른 취득 당시의 가액은 취득시기 현재 불특정 다수인 사이에 자유롭게 거래가 이루어지는 경우 통상적으로 성립된다고 인정되는 가액(매매사례가액, 감정가액, 공매가액 등...)

Q & A

Q 토지 및 주택에 대한 시가표준액은?

A 부동산 가격공시에 관한 법률에 따라 공시된 가액이 시가표준액입니다. 토지는 개별공시지가, 주택은 개별주택가격 또는 공동주택가격을 시가표준액으로 합니다. 시가표준액은 시가보다 낮은 경우가 일반적이기에, 시가표준액을 기준으로 취득세를 과세하면 시가 기준일 때보다 취득세보다 부담이 작아집니다.

Q 시가인정액이 2023년부터 도입되는 이유는?

A 2023년 이전에는 증여로 인한 무상취득의 경우 부동산의 시가보다 낮은 시가표준액을 취득세 과세표준으로 하였습니다. 그러나 시가표준액이 증여로 무상취득하는 부동산의 실질가치를 반영하지 못한다고 보아, 2023년부터 시가인정액 개념이 도입되었습니다.

Q 시가인정액의 종류는?

A 취득일 전 6개월부터 취득일 후 3개월 이내의 기간에 있는 매매사례가액, 감정가액, 공매가액 등이 시가인정액에 해당합니다.

Q 취득일 전 6개월 동안에는 매매사례가액이 없지만, 취득일 전 2년 이내에는 매매사례가액이 있는 경우 유의사항은?

A 납세자 혹은 지방자치단체의 장은 취득일 전 2년 이내의 기간 중에 매매사례가액 등이 있으면 지방세심의위원회에 이 가액을 시가로 인정해 줄 것을 심의요청할 수도 있습니다.

09 주택 수는 어떻게 산정하나요?

질문
주택 수에 따라 취득세가 달라지는데, 주택 수는 어떻게 산정하나요?

키워드
#1세대, #주택 등

답변
- 다주택자가 주택을 유상취득하는 경우 또는 다주택자가 주택을 증여하는 경우에는 취득세가 중과될 수도 있습니다.
- 이때 다주택자 여부는 1세대가 소유하는 주택 뿐만 아니라 조합원입주권, 주택분양권, 주거용 오피스텔의 수를 합산하여 판단합니다.
- 주택분양권 및 조합원입주권은 취득세 과세대상에 해당하지는 않지만, 분양권 등이 있는 경우에는 주택 수에 가산되어 취득세 중과여부에 영향을 미칩니다.
- 참고로 모든 분양권 등이 주택 수에 포함되는 것이 아니라, 20년 8월 12일 이후로 취득한 분양권 등만이 주택 수에 가산됩니다.

참고
지방세법시행령 제28조의 4 【주택 수의 산정방법】
① …세율 적용의 기준이 되는 1세대의 주택 수는 주택 취득일 현재 취득하는 주택을 포함하여 1세대가 국내에 소유하는 주택, 법 제13조의 3 제2호에 따른 조합원입주권, 같은 조 제3호에 따른 주택분양권 및 같은 조 제4호에 따른 오피스텔의 수를 말한다.

Q & A

Q 부부가 주택 1채를 공동으로 소유한다면?

A 동일한 세대 내에서 주택을 공동으로 소유하는 경우 해당 세대가 1개 주택을 소유하는 것으로 보고 있습니다.

Q 동일 세대가 아닌 자와 공동으로 소유한다면?

A 동일한 세대가 아닌 자와 주택을 공동으로 소유하고 있는 경우에는 각자 1주택을 소유하는 것으로 보고 있습니다.

Q 오피스텔도 주택 수에 포함되나요?

A 주택으로 재산세가 과세되는 오피스텔은 주택 수에 포함됩니다.
(20.8.12 신규 취득분부터)

Q 오피스텔 분양권도 주택수에 포함되나요?

A 실제 사용용도가 확정되지 않은 오피스텔 분양권은 주택 수에 가산되지 않습니다.

Q 주택과 주택분양권을 동시에 취득했다면?

A 주택과 주택분양권을 동시에 취득하는 경우에는 납세의무자가 정하는 바에 따라 순차적으로 취득하는 것으로 보고 있습니다.

10. 상속주택도 주택 수에 포함되나요?

질문
상속받은 주택은 주택 수를 산정할 때 제외해도 될까요?

키워드
#상속개시일로부터 5년

답변
- 상속을 원인으로 주택을 취득하는 경우, 해당 상속주택은 상속개시일로부터 5년 동안 소유주택 수에서 제외합니다.
- 주택 뿐만 아니라, 상속으로 취득한 주택분양권, 조합원입주권, 오피스텔 역시 상속개시일로부터 5년 동안 주택 수에 포함되지 않습니다.

참고
지방세법시행령 제28조의 4 【주택 수의 산정방법】
⑤ ...1세대의 주택 수를 산정할 때 다음 각 호의 어느 하나에 해당하는 주택, 조합원입주권, 주택분양권 또는 오피스텔은 소유주택 수에서 제외한다.
3. 상속을 원인으로 취득한 ... 상속개시일부터 5년이 지나지 않은 주택 등, 조합원입주권, 주택분양권 또는 오피스텔

Q 상속개시 후 5년이 지났다면?
A 상속개시일로부터 5년이 지난 주택은 주택 수에 포함되어 취득세 중과여부에 영향을 미칩니다.

Q 상속개시일로부터 5년 지난 상속주택이 있는데, 공동소유라면?
A 공동으로 소유한 상속주택은 지분이 가장 큰 자의 주택으로 보고 있습니다. 상속지분이 동일한 경우에는 거주하는 자, 최연장자 순으로 주택소유자를 판단합니다.

Q 상속인 간 상속재산분할협의가 되지 않아 상속주택이 미등기상태라면?
A 추후 협의가 완료되어 상속등기가 이루어지면, 등기상 상속지분을 상속개시일에 취득한 것으로 보고 있습니다.

11 생애 첫 아파트 구입시 취득세 혜택이 있나요?

질문

생애 처음으로 아파트를 구입하는 경우 취득세 혜택이 있나요?

키워드

#생애최초, #취득세 감면

답변

- 취득당시가액이 12억원 이하인 주택을 생애 최초로 구입하는 자는 25년 12월 31일까지 취득세 감면혜택을 적용받을 수 있습니다.
- 이때 생애 최초 주택 구입인지 여부는 본인과 배우자를 기준으로 판단합니다.
- 요건을 충족한 자는 취득세 산출세액에서 최대 200만원을 한도로 감면받을 수 있습니다.

참고

지방세특례제한법 제36조의 3【생애최초 주택 구입에 대한 취득세 감면】
1. 「지방세법」 제11조 제1항 제8호의 세율을 적용하여 산출한 취득세액이 200만원 이하인 경우에는 취득세를 면제한다.
2. 산출세액이 200만원을 초과하는 경우에는 산출세액에서 200만원을 공제한다.

Q & A

Q 생애최초 주택 구입으로 취득세를 감면받았습니다. 혹시 감면받은 세액을 추징 당할 수도 있나요?

A 주택을 취득한 날부터 3개월 이내에 상시거주를 시작하는 않는 경우에는 추징당할 수 있습니다. 단, 일정 사유가 있다면 그렇지 않습니다.

Q 추징당하지 않을 수 있는 일정 사유에는 무엇이 있나요?

A 기존 거주자의 퇴거가 지연되어 주택을 취득한 자가 주택 인도소송을 제기한 경우 등이 있습니다.

Q 생애최초 주택을 구입하고 다른 주택을 구입할 수 있나요?

A 주택을 취득한 날부터 3개월 이내에 추가로 다른 주택을 취득하면 추징당할 수 있습니다. 단, 상속으로 인해 주택을 추가로 취득한 경우에는 추징대상이 아닙니다.

12 아파트 매매시 취득세 표준세율은 얼마인가요?

질문
아파트를 매매로 취득하는 경우의 취득세 표준세율은?

키워드
#1% ~ 3%

답변
- 아파트를 유상거래로 취득하는 경우의 취득세율은 1% ~ 3%입니다.
- 아파트가액이 6억원 이하인 경우에는 1%, 6억원 초과 9억원 이하인 경우에는 1% ~ 3%, 9억원을 초과하는 경우에는 3%의 취득세율이 적용됩니다.

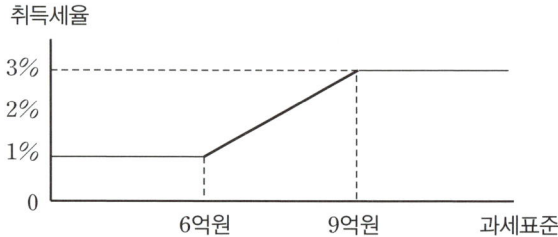

참고

2019.12.28. 행정안전부 보도자료 中

□ 현행 주택 취득세율은 6억원 이하 1%, 6억원 초과 ~ 9억원 이하 2%, 9억원 초과 3%의 계단형 구조여서, 6억원과 9억원에서 취득가액이 조금만 상승해도 상위구간의 세율이 적용되어 취득세액이 크게 증가하는 문턱효과가 있었다.

13 아파트가 많아지면 달라지는 취득세율

질문

다주택자가 아파트를 매매로 취득하는 경우에는 취득세가 중과되나요?

키워드

#조정대상지역, #주택 수

답변

- 주택 유상거래시 취득세 표준세율은 1% ~ 3%지만, 아파트 등 주택에 대한 투기수요를 막아 실수요자를 보호하기 위한 목적으로 다주택자가 주택을 취득하는 경우에는 취득세를 중과하고 있습니다.
- 1세대 2주택에 해당하는 주택으로서 조정대상지역에 있는 주택을 취득하는 경우 또는 1세대 3주택에 해당하는 주택으로서 조정대상지역 외에 있는 주택을 취득하는 경우에는 8%의 중과 취득세율이 적용됩니다.
- 1세대 3주택 이상에 해당하는 주택으로서 조정대상지역에 있는 주택을 취득하는 경우 또는 1세대 4주택 이상에 해당하는 주택으로서 조정대상지역 외에 있는 주택을 취득하는 경우에는 12%의 중과 취득세율이 적용됩니다.

참고

(다주택자 취득세율)

위치	1주택	2주택	3주택	4주택 이상
조정대상지역	1~3%	8%	12%	12%
조정대상지역 외	1~3%	1~3%	8%	12%

Q 1세대 2주택 이상에 해당하는 주택 구입시 취득세가 중과될 수 있는데, 이 경우에 중요한 1세대의 범위는?

A 주민등록표에 기재된 가족으로 구성된 세대를 말하며, 배우자 및 30세 미만 미혼자녀는 별도의 주소가 있는 경우에도 같은 세대에 해당합니다.

Q 30세 미만 미혼자녀가 소득이 있다면 세대분리 가능한가요?

A 일정기준 이상의 소득이 있다면 별도 세대로 볼 수도 있습니다. 단, 미성년 자녀는 소득요건을 충족해도 별도세대로 보지 않습니다.

Q 미혼자녀가 세대분리할 수 있는 소득금액은 얼마인가요?

A 해당 자녀가 주택취득일이 속하는 달의 직전 12개월 동안 발생한 소득이 기준 중위소득을 12개월로 환산한 금액의 100분의 40 이상이어야 합니다. 또한 해당 자녀는 소유하고 있는 주택을 관리·유지하면서 독립된 생계를 유지할 수 있어야 별도세대로 볼 수 있습니다.

Q 세대분리를 위해서는 주택 취득일까지 주소지를 이전해야 하나요?

A 별도 세대를 구성할 수 있는 자라면, 주택 취득일로부터 60일 이내에 주소지를 이전하는 경우에도 별도 세대로 볼 수 있습니다.

□ 기준중위소득

보건복지부 보도자료 2022. 7. 29. 中

- 2023년도 기준 중위소득은 4인 가구 기준으로 올해 512만 1080원 대비 5.47% 인상된 540만 964원으로 결정되었다.

(단위 : 원/월)

가구원 수		1인	2인	3인	4인	5인	6인
기준 중위소득	'22년	194만4812	326만85	419만4701	512만1080	602만4515	690만7004
	'23년	207만7892	345만6155	443만4816	540만964	633만688	722만7981

14. 다주택자에 대한 취득세 중과가 완화되었다는 이야기를 들었다?

질문

다주택자가 주택을 구입할 때 취득세가 중과되는데, 앞으로 취득세 중과세율을 절반 이상 낮춘다는 이야기가 들렸습니다.
혹시 취득세 중과세율이 인하되었나요?

키워드

#23년 5월, #아직

답변

- 조정대상지역이라면 2주택부터, 비조정대상지역이라면 3주택부터 주택구입 시 취득세가 중과됩니다. 취득세에 대한 중과는 당시의 주택시장이 과열되어 주택투기를 억제하기 위해 도입된 것이었습니다.
- 그러나 그 후 주택시장의 상황이 바뀌었고, 정부 관계부처에서 취득세 중과제도를 완화하겠다고 발표하였습니다.
- 23년 2월 중에는 지방세법을 개정하여 22년 12월 21일부터 소급하여 적용할 예정이라고 발표했으나, 23년 5월 현재에는 아직 법 개정 전입니다.

참고

행정안전부 보도자료 2022.12.21. 中
☐ 행정안전부는 12월 21일(수), 다주택자에 대한 취득세 중과를 완화한다고 발표하였다.
☐ 이에 따라 정부는 부동산세제 정상화 차원에서 2주택까지는 중과를 폐지키로 하고, 3주택 이상은 현행 중과세율 대비 50%를 인하하기로 하였다.

Q 취득세 중과완화 발표내용에 따르면 2주택까지는 중과를 폐지한다고 했는데, 조정대상지역 2주택인 경우에도 중과대상이 아닌가요?

A 네. 조정대상지역 여부에 관계없이 2주택까지는 취득세 중과를 하지 않을 계획이라고 밝혔습니다.

<행정안전부 보도자료 2022. 12. 21. 中>

취득세 중과 완화 방안

지역	1주택	2주택	3주택	법인·4주택↑
조정대상지역	1~3%	8% → 1~3%	12% → 6%	12% → 6%
비조정대상지역		1~3%	8% → 4%	12% → 6%

Q 다주택자 취득세 중과완화 발표자료에 의하면, 주택 매매가 아닌 주택 증여의 경우에도 완화대상이 될까요?

A 현재는 다주택자가 조정대상지역에 소재하는 시가표준 3억원 이상의 주택을 자녀에게 증여해주면 12%의 중과 취득세율이 적용됩니다. 하지만 발표내용대로 법이 개정된다면, 다주택자의 주택 증여에 대해서도 취득세가 완화될 예정입니다.

Q 증여 취득세율이 얼마나 완화될까요?

A 행정안전부 보도자료에 의하면, 증여취득세 중과세율을 기존 12%에서 6%로 인하할 예정이라고 되어 있습니다. 그리고 2주택자 증여시에는 중과를 폐지하고 일반 증여세율(3.5%)로 과세할 예정이라고도 되어 있습니다.

15 저가주택은 매매로 취득해도 중과되지 않는다고?

질문

다주택자가 저가주택을 매매로 취득하는 경우에도 취득세가 중과될 수 있나요?

키워드

#시가표준 1억원

답변

- 다주택자가 주택을 취득하는 경우에는 조정대상지역 여부 및 주택 수에 따라 8%, 12%의 취득세 중과세율이 적용될 수도 있습니다.
- 하지만 시가표준액이 1억원 이하인 저가주택을 유상거래로 취득하는 경우에는 다주택자에 해당하더라도 취득세가 중과되지 않습니다.

참고

지방세법시행령 제28조의 2 【주택 유상거래 취득 중과세의 예외】
1. 법 제4조에 따른 시가표준액(지분이나 부속토지만을 취득한 경우에는 전체 주택의 시가표준액을 말한다)이 1억원 이하인 주택. 다만, 「도시 및 주거환경정비법」 제2조 제1호에 따른 정비구역...

Q 시가표준액이 1억원 이하인 주택을 매매하면 취득세 중과는 없는거죠?
A 일반적인 상황에서는 맞습니다. 다만, 도시 및 주거환경정비법에 따른 정비구역에 소재하는 주택은 취득세 중과예외주택이 아닙니다.

Q 전체 주택의 시가표준액은 1억원이 넘습니다. 하지만 일부 지분만 매입하고, 그 지분의 시가표준액이 1억원 이하인 경우에는?
A 지분이나 주택 부속토지만을 취득하는 경우에도 전체 주택의 시가표준액을 기준으로 저가주택 여부를 판단합니다.

Q 저가주택을 취득하면 취득세는 중과되지 않는데, 다른 주택 취득시에는 저가주택이 주택 수에 산입되어 취득세 중과여부에 영향을 줄 수 있나요?
A 주택 수 산정일 현재 시가표준액 기준을 충족하는 주택은 주택 수에서 제외합니다.

Q 저가주택처럼 저가분양권도 주택 수에서 제외될 수 있나요?
A 주택이 아닌 주택분양권은 가격과 상관없이 주택 수 산정에 포함됩니다.

16 증여로 아파트를 받으면 매매로 취득할 때와 세율이 다르다?

질문

아파트를 부모님께 증여받을 때의 취득세율은 얼마인가요?
매매로 취득할 때와 세율이 다른가요?

키워드

#3.5%, #12%

답변

- 아파트를 매매로 유상취득하는 경우의 취득세 표준세율은 1% ~ 3%입니다.
- 이와 달리 아파트를 증여로 무상취득하는 경우의 취득세율은 3.5%입니다.
- 하지만 다주택자가 조정대상지역에 있는 주택을 증여하면 취득세 중과세율 12%가 적용됩니다. 단, 이 경우에도 증여해주는 주택의 시가표준액이 3억원 미만이라면 취득세가 중과되지 않습니다.

참고

지방세법시행령 제28조의 6【중과세 대상 무상취득 등】
① 법 제13조의 2 제2항에서 "대통령령으로 정하는 일정가액 이상의 주택"이란 취득 당시 법 제4조에 따른 시가표준액(지분이나 부속토지만을 취득한 경우에는 전체 주택의 시가표준액을 말한다)이 3억원 이상인 주택을 말한다.

Q 다주택자가 조정대상지역 외에 소재하는 주택을 증여하면?
A 조정대상지역 내의 주택을 증여하는 경우에만 증여 취득세가 중과될 수 있습니다.

Q 주택 중 일부 지분만을 증여했고, 그 지분의 시가표준액이 3억원 미만이라면?
A 전체 주택의 시가표준액을 기준으로 증여 취득세 중과여부를 판단합니다.

Q 주택을 증여하는 경우에 취득세가 중과될 수 있는데, 받는 사람이 다주택자인 경우에 중과되나요?
A 주택을 증여받는 수증자 기준이 아닌 증여해주는 자가 다주택자인 경우에 취득세가 중과됩니다.

Q 배우자에게 증여하는 경우에도 취득세가 중과되나요?
A 1세대 1주택자가 배우자 또는 직계존비속에게 주택을 증여하는 경우에는 증여 취득세가 중과되지 않습니다.

17 아파트를 상속받으면 취득세율은 얼마인가요?

질문

아파트를 상속받으면 취득세율은 얼마인가요?

키워드

#2.8%, #0.8%

답변

- 아파트를 상속받는 경우의 취득세율은 2.8%입니다.
- 하지만 무주택자가 상속을 원인으로 주택을 취득하여 1세대 1주택자가 되는 경우에는 특례가 적용되어 취득세율은 0.8%입니다. 이때 주택을 상속받는 자 및 그와 함께 세대별 주민등록표 기재되어 있는 가족 모두 무주택이어야 합니다.
- 따라서 피상속인의 상속재산 중에 주택이 있다면, 주택이 없는 자녀가 해당 아파트를 상속받는 것이 취득세 측면에서 유리할 수 있습니다.

참고

지방세법 제11조【부동산 취득의 세율】
① 1. 상속으로 인한 취득
    가. 농지: 1천분의 23
    나. 농지 외의 것: 1천분의 28

18. 상가를 취득할 때 세금납부의 기준금액은 무엇인가요?

질문
상가를 매매계약에 의해 취득하면, 취득세 과세표준은 무엇인가요?

키워드
#사실상의 취득가격

답변
- 상가를 유상으로 취득하는 경우에는 취득 당시 사실상의 취득가격을 과세표준으로 하고 있습니다. 즉, 매매계약서의 거래금액을 기준으로 신고한 가액이 상가의 취득세 과세표준입니다.
- 참고로 토지와 건물로 이루어진 상가에서 건물 부분에 대해서는 부가세를 신고해야 합니다. 그래서 상가 매매계약서에는 토지와 건물의 금액이 구분하여 기재되어 있는 것이 일반적입니다.

참고

지방세법 제10조의3 【유상승계취득의 경우 과세표준】
① 부동산등을 유상거래로 승계취득하는 경우 취득당시가액은 취득시기 이전에 해당 물건을 취득하기 위하여 거래 상대방이나 제3자에게 지급하였거나 지급하여야 할 일체의 비용으로서 대통령령으로 정하는 사실상의 취득가격으로 한다.

- Q 상가를 매매계약에 의해 취득하며 지급한 중개수수료도 과세표준에 포함되나요?
- A 개인이 아닌 법인이 상가를 취득하기 위해 공인중개사에게 지급한 중개수수료는 취득간접비용에 해당되어 과세표준에 포함됩니다.

- Q 상가 매매시 부담한 부가가치세도 과세표준에 포함되나요?
- A 부가가치세는 사실상의 취득가격에 포함되지 않습니다.

- Q 상가를 유상승계 취득하는 경우 취득세율은?
- A 신고가액을 과세표준으로 하여 4%의 취득세율을 적용합니다.

- Q 상가를 상속받을 때의 과세표준 및 취득세율은?
- A 상속받은 상가는 시가표준을 과세표준으로 하고, 취득세율은 2.8%입니다.

19 취득세가 중과되는 상가도 있다고?

질문

아파트가 아닌 상가를 취득하는 경우에도 취득세가 중과될 수 있나요?

키워드

#고급오락장

답변

- 일반적인 상가의 유상승계 취득세율은 4%입니다.
- 이와 달리, 사치성재산으로 분류되는 고급오락장에 대해서는 사치 및 낭비 분위기를 억제하고자 취득세를 중과하고 있습니다.
- 고급오락장에는 영업장 면적이 $100\,m^2$를 초과하는 나이트클럽 등 유흥주점 영업장, 자동도박기(파친코, 슬롯머신 등) 설치장소, 카지노장 등이 있습니다.
- 이렇게 고급오락장으로 분류되는 상가의 취득세 중과세율은 12%입니다.

참고

지방세법 제13조【과밀억제권역 안 취득 등 중과】
⑤ 다음 각 호의 어느 하나에 해당하는 부동산등을 취득하는 경우...
4. 고급오락장: 도박장, 유흥주점영업장, 특수목욕장, 그 밖에 이와 유사한 용도에 사용되는 건축물 중 대통령령으로 정하는 건축물과 그 부속토지.

Q 나이트클럽으로 사용하는 상가는 무조건 취득세가 중과되나요?

A 공용면적을 포함한 영업장 면적이 100㎡를 넘지않는 나이트클럽은 고급오락장에 해당하지 않습니다.

Q 고급오락장으로 분류되는 상가를 구입했는데, 일반 소매점으로 용도변경하는 경우에는?

A 고급오락장용 건축물을 취득한 날로부터 60일 이내에 고급오락장이 아닌 용도로 사용하기 위해 용도변경공사를 착공하는 경우에는 취득세가 중과되지 않습니다.

Q 고급오락장을 상속받았을 때는 언제까지 용도변경공사를 착공해야하나요?

A 상속개시일이 속하는 달의 말일로부터 6개월 이내에 용도변경공사를 착공해야 중과대상에서 제외됩니다.

Q 노래연습장도 고급오락장에 해당하나요?

A 사실상 주류와 음식물을 조리·판매하고 유흥접객원을 둘 수 있는 룸살롱으로 볼 수 없는 노래연습장은 고급오락장에 해당하지 않아 취득세 중과세 대상에 해당하지 않습니다.

 **20** 증여받은 토지를 감정평가 받으면 달라지는 취득세?

질문
양도세 절세를 위해 토지에 대해 감정평가 받기로 했습니다.
감정평가 받은 증여토지의 취득세 과세표준은 무엇일까요?

키워드
#22년 시가표준, #23년 감정가액

답변
- 토지를 증여받으면서 추후의 양도세를 절감하기 위한 목적으로 감정평가를 받는 경우가 종종 있습니다.
- 증여받은 토지의 취득세 과세표준은 2022년까지는 시가표준액이었습니다.
- 그러나 2023년부터는 증여로 인한 무상취득의 경우, 취득세 과세표준에 시가인정액이 적용됩니다. 해당 토지에 대해 감정평가를 받았다면, 감정가액이 취득세 과세표준이 되어 취득세 부담이 높아질 수 있습니다.

참고
지방세법 제10조의 2 【무상취득의 경우 과세표준】
① 부동산등을 무상취득하는 경우 제10조에 따른 취득 당시의 가액은 취득시기 현재 불특정 다수인 사이에 자유롭게 거래가 이루어지는 경우 통상적으로 성립된다고 인정되는 가액(매매사례가액, 감정가액, 등…)으로 한다.

21. 상속받은 토지의 감정평가가 유리한 경우

질문

토지를 상속받는데, 미래의 양도세 절세를 위해 감정평가를 받았습니다. 감정평가 받은 상속토지의 취득세 과세표준은 무엇일까요?

키워드

#시가표준

답변

- 2023년부터는 증여로 인한 무상취득의 경우, 취득세 과세표준에 시가인정액 개념이 적용됩니다. 해당 토지에 대해 감정평가를 받았다면, 감정가액이 취득세 과세표준이 됩니다.
- 그러나 증여와 달리 상속으로 인한 무상취득의 경우에는 감정평가를 받았다고 해도 시가표준액인 개별공시지가가 취득세 과세표준이 됩니다.
- 즉, 상속토지에 대해 감정평가를 받은 경우에도 토지의 개별공시지가를 기준으로 취득세를 신고하는 것입니다.

참고

지방세법 제10조의 2 【무상취득의 경우 과세표준】
② 제1항에도 불구하고 다음 각 호의 경우에는 해당 호에서 정하는 가액을 취득당시가액으로 한다.
1. 상속에 따른 무상취득의 경우: 제4조에 따른 시가표준액

Q 상속받은 토지의 취득세 과세표준은 시가표준액인거죠?
A 네. 상속토지에 대해 감정평가를 받았어도 취득세 과세표준은 시가표준액입니다.

Q 상속토지에 대해 취득세를 신고할 때 감정가액으로 잘못 신고했다면?
A 감정가액을 기준으로 신고하면 취득세를 과다납부한 경우에 해당합니다. 따라서 과다납부한 세금은 취득세 경정청구를 통해 환급받을 수 있습니다.

> 조심2022지0907, 2022.08.22.
> 〈사실관계 및 판단〉
> (나) 청구인들이 이 건 토지를 아버지로부터 무상취득인 상속으로 취득한 사실이 확인되고, 청구인들이 비록 이 건 토지를 상속을 원인으로 취득한 후 쟁점감정평가액을 과세표준으로 하여 취득세 등을 신고하였다 하더라도 그 가액이 이 건 토지를 취득하는 데 소요된 금액인 것으로 보기 어려우며,

Q 시가표준으로 취득세를 신고하면, 그만큼 토지의 취득가액이 낮아져서 나중에 양도세가 많이 나오는 것 아닌가요?
A 취득세 과세표준은 지방세인 취득세 신고를 위한 기준금액으로 이는 국세인 양도세를 계산할 때의 취득가액과는 무관합니다. 감정평가를 받은 토지를 양도할 때, 양도세 산정을 위한 취득가액은 감정가액입니다.

2023년 부동산 세금 상식백과

PART 02

자금조달계획서편

- 01 주택 자금조달계획서는 언제 생겼나요?
- 02 자금조달계획서는 왜 생겼나요?
- 03 자금조달계획서는 누가 제출하나요?
- 04 아파트를 구입하면 자금조달계획서를 꼭 제출해야 하나요?
- 05 자금조달 증빙서류도 제출해야 한다던데?
- 06 자금조달계획서 증빙서류를 아직 준비할 수 없다면?
- 07 토지까지 자금조달계획서가 필요한가요?
- 08 설마 상가를 구입해도 자금조달계획서가 필요한가요?
- 09 법인도 자금조달계획서를 제출해야한다!
- 10 자금출처조사 검증대상자는 어떻게 선정하나요?
- 11 자금출처조사 대상자가 되었던 유형들
- 12 (실전작성사례) 미래소득을 기재해도 될까요?
- 13 (실전작성사례) 신고하지 않은 사업소득이 있다면?
- 14 (실전작성사례) 주식투자로 인한 수익을 사용한다면?
- 15 (실전작성사례) 복권당첨금액이 있다면?
- 16 (실전작성사례) 배우자 통장에 있는 자금을 사용하면?
- 17 (실전작성사례) 혼인신고를 미루고 있는 경우에는?
- 18 (실전작성사례) 가족 간 차입금이 있는 경우에는?
- 19 (실전작성사례) 예전에 부모님께 지원받은 전세보증금을 활용하면?
- 20 (실전작성사례) 상속받은 예금이 있다면?
- 21 (실전작성사례) 축의금은 누구의 자금인가요?

01 주택 자금조달계획서는 언제 생겼나요?

질문
일정 주택을 매수할 때 제출해야 하는 자금조달계획서는 언제 생겼나요?

키워드
#2017.8.2 부동산대책

답변
- 주택 매매계약을 체결하면 체결일로부터 30일 이내에 거래당사자, 거래대금 등의 항목을 포함하여 부동산 거래신고를 해야합니다.
- 17년 8월 2일에 발표된 주택시장 안정화 방안으로 인해, 기존 부동산 거래신고항목 외에 주택 취득자금의 조달 및 입주계획 항목이 추가되었습니다.
- 그리고 이러한 내용은 2017.9.26.자로 부동산거래신고법 시행령에 반영되었습니다.

참고

부동산거래신고법 시행령
- 일자: 17.9.26 일부개정
- 개정이유: 주택에 대한 단기 투기수요를 억제하고 실수요를 보호하여 주택시장의 안정을 도모하기 위하여 투기과열지구에 소재한 주택으로서 실제 거래가격이 3억원 이상인 주택을 거래하는 경우에는 거래의 신고사항에 자금조달계획 및 입주계획을 포함하도록 하려는 것임.

Q 17.8.2 부동산대책에 어떤 내용이 있었나요?

A 당시 발표된 대책에는 투기과열지구 내 3억원 이상의 주택 거래시 자금조달계획서를 제출하는 내용이 포함되어 있습니다.

> **주택시장 안정화 방안 2017. 8. 2 中**
> ① 자금조달계획 등 신고 의무화
> ▫ (개선) 투기과열지구 내에서 주택 거래시 자금조달계획 및 입주계획 등의 신고를 의무화
> • (대상) 투기과열지구 내 거래가액 3억 이상 주택(분양권, 입주권 포함)
> • (신고내용) 기존 「부동산 거래신고 등에 관한 법률」의 계약 당사자, 계약일, 거래가액 외에 자금조달계획 및 입주계획 추가

Q 지금도 17. 8. 2 대책이 유효한가요?

A 17. 8. 2 대책을 시작으로, 그 이후에도 부동산대책이 발표되면서 자금조달계획서 제출대상은 확대되었습니다.

대책	제출대상 주택	목적
17.8.2 대책	• 투기과열지구 3억원 이상의 주택	증여세 탈루여부 조사
19.12.16 대책	• 투기과열지구·조정대상지역 3억원 이상의 주택 • 그 외 지역 6억원 이상의 주택	조정대상지역 투기적 수요조사
20.6.17 대책	• 투기과열지구·조정대상지역 모든 주택 • 그 외 지역 6억원 이상의 주택	투기과열지구·조정대상지역내 저가주택에 대한 투기수요 점검

02 주택 자금조달계획서는 왜 생겼나요?

질문

자금조달계획서를 제출하는 당사자는 물론 제출된 자금조달계획서를 검토해야하는 구청 등 관계기관도 번거로울 것으로 생각됩니다.
주택 자금조달계획서는 왜 생겼나요?

키워드

#증여세 탈루여부 조사

답변

- 주택 자금조달계획서에는 주택 취득자금이 본인자금인지 혹은 타인자금인지에 대해 출처를 기재해야 합니다.
- 취득자금 중 자기자금으로 기재한 부분에 대해서는 그만큼 본인의 소득능력이 뒷받침되어야 자금출처조사대상으로 선정될 확률이 낮아집니다.
- 그리고 부모님 자금 등 타인의 자금으로 기재한 부분에 대해서는 우회증여에 해당하지 않는다는 증빙을 사전에 준비해야 합니다.

참고

주택시장 안정화 방안 2017. 8. 2. 中
○ (자료활용) 자금출처 확인 등을 통해 증여세 등 탈루여부 조사, 전입신고 등과 대조하여 위장전입, 실거주 여부 확인 등에 활용

03 자금조달계획서는 누가 제출해야하나요?

질문
공인중개사를 통해 주택을 구입했습니다.
주택 자금조달계획서는 누가 제출하나요?

키워드
#공인중개사

답변
- 중개계약으로 주택을 매매한 경우에는 공인중개사가 부동산 거래신고를 하며 주택 자금조달계획서도 같이 제출합니다.
- 다만, 개인정보 노출이 우려되는 등의 경우에는 공인중개사가 아닌 주택 매수인이 직접 자금조달계획서를 제출할 수도 있습니다.

참고
부동산거래신고법 제3조(부동산 거래의 신고)
③ 「공인중개사법」 제2조제4호에 따른 개업공인중개사가 같은 법 제26조 제1항에 따라 거래계약서를 작성·교부한 경우에는 제1항에도 불구하고 해당 개업공인중개사가 같은 항에 따른 신고를 하여야 한다.

04 아파트를 구입하면 자금조달 계획서를 꼭 제출해야 하나요?

질문

서울 소재 아파트를 구입할 계획입니다. 아파트를 구입하면 꼭 자금조달계획서를 제출해야하나요?

키워드

#조정대상지역, #투기과열지구, #6억원

답변

- 조정대상지역 또는 투기과열지구에 소재하는 아파트 등 주택을 매수하는 경우에는 주택 자금조달계획서를 제출해야 합니다.
- 23년 5월 현재에는 서울의 일부지역(강남, 서초, 송파, 용산)만 조정대상지역에 해당합니다. 해당 지역이 아닌 다른 서울지역의 아파트를 구입하는 경우에는 자금조달계획서를 제출하지 않을 수도 있습니다.
- 다만, 조정대상지역이 아닌 곳에 소재하는 주택이라도 거래가격이 6억원 이상인 경우에는 주택 자금조달계획서를 제출해야 합니다.

참고

부동산거래신고등에관한법률시행령 별표1 中
자금조달 계획 및 지급방식 신고대상
— 법인 외의 자가 실제 거래가격이 6억원 이상인 주택을 매수하거나
— 투기과열지구 또는 조정대상지역에 소재하는 주택을 매수하는 경우

주택취득자금 조달 및 입주계획서

※ 색상이 어두운 난은 신청인이 적지 않으며, [ ]에는 해당되는 곳에 √표시를 합니다. (앞쪽)

접수번호	접수일시	처리기간

제출인 (매수인)	성명(법인명)		주민등록번호(법인·외국인등록번호)	
	주소(법인소재지)		(휴대)전화번호	

① 자금 조달계획	자기 자금	② 금융기관 예금액	원	③ 주식·채권 매각대금	원
		④ 증여·상속	원	⑤ 현금 등 그 밖의 자금	원
		[ ] 부부 [ ] 직계존비속(관계:) [ ] 그 밖의 관계( )		[ ] 보유 현금 [ ] 그 밖의 자산(종류:)	
		⑥ 부동산 처분대금 등	원	⑦ 소계	원
	차입금 등	⑧ 금융기관 대출액 합계	주택담보대출		원
			신용대출		원
			그 밖의 대출	(대출 종류:)	원
			원		
		기존 주택 보유 여부 (주택담보대출이 있는 경우만 기재) [ ] 미보유 [ ] 보유 (건)			
		⑨ 임대보증금	원	⑩ 회사지원금·사채	원
		⑪ 그 밖의 차입금	원	⑫ 소계	원
		[ ] 부부 [ ] 직계존비속(관계:) [ ] 그 밖의 관계( )			
	⑬ 합계	원			

⑭ 조달자금 지급방식	총 거래금액	원
	⑮ 계좌이체 금액	원
	⑯ 보증금·대출 승계 금액	원
	⑰ 현금 및 그 밖의 지급방식 금액	원
	지급 사유 ( )	

⑱ 입주 계획	[ ] 본인입주 [ ] 본인 외 가족입주 (입주 예정 시기: 년 월)	[ ] 임대 (전·월세)	[ ] 그 밖의 경우 (재건축 등)

「부동산 거래신고 등에 관한 법률 시행령」별표 1 제2호나목, 같은 표 제3호가목 전단, 같은 호 나목 및 같은 법 시행규칙 제2조 제6항·제7항·제9항·제10항에 따라 위와 같이 주택취득자금 조달 및 입주계획서를 제출합니다.

년 월 일

제출인   (서명 또는 인)

시장·군수·구청장 귀하

05 자금조달 증빙서류도 제출해야 한다던데?

질문
조정대상지역 및 투기과열지구로 남아있는 강남지역의 아파트를 구입하려 합니다. 주택 자금조달계획서만 잘 준비하면 될까요?

키워드
#투기과열지구

답변
- 투기과열지구에 속하지 않는 조정대상지역의 주택을 구입하는 경우에는 주택 자금조달계획서만 제출합니다.
- 하지만 투기과열지구에 속하는 주택을 구입하는 경우에는 자금조달계획서 뿐만 아니라 자금조달 증빙서류도 같이 제출해야 합니다.
- 23년 5월 현재 남아있는 조정대상지역과 투기과열지구는 4곳(강남, 서초, 송파, 용산)으로 동일합니다. 즉, 조정대상지역이자 투기과열지구에 속하는 강남지역의 아파트를 구입할 계획이라면 증빙까지 잘 준비해야 합니다.

참고
부동산거래신고등에관한법률시행령 별표1 中

자금조달 계획 및 지급방식 신고사항
— 이 경우 투기과열지구에 소재하는 주택의 거래계약을 체결한 경우 매수자는 자금의 조달계획을 증명하는 서류로서 국토교통부령으로 정하는 서류를 첨부해야 한다.

Q 예금 등 자기자금으로 기재한 부분에 대한 증명서류에는 무엇이 있나요?

A 자기자금 증빙서류

항목	증빙서류
예금	예금잔액증명서
주식	주식거래내역서
증여,상속	증여세(상속세)신고서
현금 등 기타	소득금액증명원
부동산처분대금	부동산 매매계약서, 임대차계약서

Q 대출 등 차입금으로 기재한 부분에 대한 증명서류에는 무엇이 있나요?

A 차입금 등 증빙서류

항목	증빙서류
대출	부채증명서, 대출신청서
임대보증금	부동산 임대차계약서
회사지원금	회사확인서류
그 밖의 차입금	차용증 등

Q 비규제지역의 주택이라도 거래가격이 6억원을 넘는 경우 자금조달계획서를 제출하는데, 이 경우에는 증빙을 제출하진 않나요?

A 증빙서류는 투기과열지구 소재 주택을 구입하는 경우에 제출합니다.

□ 참고(조정대상지역 및 투기과열지구)

국토교통부공고 제2023-1호
- 공고명: 투기과열지구 지정 해제
- 공고일: 2023. 1. 5.
- 투기과열지구 지정현황

시·도	현행	조정(2023.1.5.)
서울	서울특별시 전역(25개구)	서초구·강남구·송파구·용산구
경기	과천시, 성남시[주1], 하남시, 광명시	-

주1) 중원구 제외

국토교통부공고 제2023-2호
- 공고명: 조정대상지역 지정 해제
- 공고일: 2023. 1. 5.
- 조정대상지역 지정현황

시·도	현행	조정(2023.1.5.)
서울	서울특별시 전역(25개구)	서초구·강남구·송파구·용산구
경기	과천시, 성남시[주1], 하남시, 광명시	-

주1) 중원구 제외

06 자금조달계획서 증빙서류를 아직 준비할 수 없다면?

질문
주택 자금조달계획서에는 자기자금과 차입금을 항목에 맞게 잘 기재했습니다. 그런데 구입자금 관련 증빙서류가 준비되어 있지 않다면 어떻게 하나요?

키워드
#미제출사유서

답변
- 투기과열지구 소재 주택을 구입하면 자금조달 증빙서류도 제출해야 합니다.
- 그런데 자금조달계획서 및 증빙은 계약체결일로부터 30일 이내 제출해야 하기에, 매매계약서상의 잔금일과 시점 차이가 나게 되어있습니다.
- 잔금일에 맞춰 금융기관 대출을 신청할 계획이었다면, 이런 시점차이로 인해 계약체결일로부터 30일 이내에는 대출증빙이 준비되지 않을 수 있습니다.
- 이럴 때에는 자금증빙이 없는 사유를 기재한 미제출사유서를 준비해야 합니다.

참고
부동산거래신고등에관한법률시행규칙 제2조(부동산 거래의 신고)
⑦ 이 경우 자금조달·입주계획서의 제출일을 기준으로 주택취득에 필요한 자금의 대출이 실행되지 않았거나 본인 소유 부동산의 매매계약이 체결되지 않은 경우 등 항목별 금액 증명이 어려운 경우에는 그 사유서를 첨부해야 한다.

> 참고

□ 참고(미제출사유서)

자조서 기재항목		증빙자료	제출여부	미제출사유
자기자금	금융기관 예금액	예금잔액증명서	O	− 제출완료
		기 타		
	주식·채권 매각대금	주식거래내역서	O	− 제출완료
		예금잔액증명서		
		기 타		
	증여·상속	증여·상속세 신고서	O	− 제출완료
		납세증명서		
		기 타		
	현금 등 그 밖의 자금	소득금액증명원		−
		근로소득원천징수영수증		
		기 타		
	부동산 처분 대금 등	부동산 매매계약서		−
		부동산 임대차계약서		
		기 타		
차입금	금융기관 대출액	금융거래확인서		− 잔금일에 맞춰 차입 예정
		부채증명서		
		금융기관 대출신청서	×	
		기 타		
	임대보증금	부동산임대차계약서		−
	회사지원금·사채	금전을 빌린 사실과 그 금액을 확인할 수 있는 서류		−
	그 밖의 차입금	금전을 빌린 사실과 그 금액을 확인할 수 있는 서류		−

07 토지까지 자금조달계획서가 필요한가요?

질문

아파트가 아닌 토지구입은 자금조달계획서 제출대상이 아니죠?

키워드

수도권 등 1억원, # 그 외 6억원

답변

- 수도권 등에 소재하는 토지를 매수하는 경우에 거래가격이 1억원 이상이면 토지 취득자금조달 및 이용계획서를 제출해야 합니다.
- 수도권 등 외의 지역에 소재하는 토지의 경우에는 거래가격 6억원을 기준으로 자금조달계획서 제출여부를 판단합니다.
- 그리고 토지거래계약 체결일로부터 역산하여 1년 이내 서로 맞닿은 토지를 매수하는 경우에는 합산금액을 기준으로 토지 자금조달계획서 제출여부를 판단합니다.

참고

부동산거래신고등에관한법률시행령 별표1 中

4. 실제 거래가격이 다음 각 목의 구분에 따른 금액 이상인 토지를 매수(지분으로 매수하는 경우는 제외한다)하는 경우
   가. 수도권등에 소재하는 토지의 경우: 1억원
   나. 수도권등 외의 지역에 소재하는 토지의 경우: 6억원

Q 수도권 등이란 어떤 지역을 말하나요?

A 수도권 등이란 수도권정비계획법에 따른 수도권, 광역시(인천광역시는 제외한다) 및 세종특별자치시를 말합니다.

Q 토지에 대한 자금조달계획서는 왜 생겼나요?

A 기존에는 주택 투기를 억제하고자 주택 자금조달계획서가 생겼습니다. 이와 유사하게 토지에 대한 투기적 거래를 억제하기 위한 방안으로 22년 2월부터 일정 토지에 대해 자금조달계획서 제출을 의무화했습니다.

Q 수도권 등의 토지를 지분거래로 매수하여 각자의 지분금액이 1억원 미만이라면 자금조달계획서를 제출하지 않아도 되나요?

A 수도권, 광역시, 세종특별자치시의 경우 기획부동산 피해 등을 최소화하기 위한 목적으로 지분거래를 하는 경우에는 금액과 무관하게 자금조달계획서를 제출하도록 되어있습니다.

토지취득자금 조달 및 토지이용계획서

※ 색상이 어두운 난은 신청인이 적지 않으며, [ ]에는 해당되는 곳에 √표시를 합니다.   (앞쪽)

접수번호		접수일시		처리기간	
제출인 (매수인)	성명(법인명)			주민등록번호(법인·외국인등록번호)	
	주소(법인소재지)			(휴대)전화번호	

① 자금 조달계획	자기 자금	② 금융기관 예금액		원	③ 주식·채권 매각대금		원
		④ 증여·상속		원	⑤ 현금 등 그 밖의 자금		원
		[ ] 부부 [ ] 직계존비속(관계:) [ ] 그 밖의 관계( )			[ ] 보유 현금 [ ] 그 밖의 자산(종류:)		
		⑥ 부동산 처분대금 등		원	⑦ 토지보상금		원
		⑧ 소계					원
	차입금 등	⑨ 금융기관 대출액 합계	토지담보대출		원		
			신용대출		원		
			그 밖의 대출		원 (대출 종류:)		
				원			
		⑩ 그 밖의 차입금		원	⑪ 소계		원
		[ ] 부부 [ ] 직계존비속(관계:) [ ] 그 밖의 관계( )					
	⑫ 합계	원					

⑬ 토지이용계획	

「부동산 거래신고 등에 관한 법률 시행령」 별표 1 제4호 · 제5호 및 같은 법 시행규칙 제2조제8항부터 제10항까지의 규정에 따라 위와 같이 토지취득자금 조달 및 토지이용계획서를 제출합니다.

년 월 일

제출인   (서명 또는 인)

시장·군수·구청장 귀하

08 설마 상가를 구입해도 자금조달계획서를 제출해야 하나요?

질문
상가를 구입하는 경우에는 자금조달계획서를 제출할 필요없죠?

키워드
#겸용주택

답변
- 주택이 아닌 상가를 구입하는 경우에는 주택 자금조달계획서를 제출하지 않습니다.
- 그러나 상가건물에 주택이 포함되어 있는 겸용주택을 구입하는 경우에는 조정대상지역 여부 및 구입금액에 따라 자금조달계획서를 제출해야 할 수 있습니다.
- 이때 자금조달계획서 제출대상거래라면, 주택에 대한 부분만이 아닌 겸용주택 전체 거래금액에 대한 자금조달조달계획서를 준비해야 합니다.

09 법인도 자금조달계획서를 제출해야 한다!

질문

법인이 주택을 구입하면 자금조달계획서를 제출해야 하나요?

키워드

#모든 주택

답변

- 개인이 주택을 구입하는 경우, 주택의 위치 및 금액에 따라 주택 자금조달계획서를 제출여부를 판단합니다.
- 이와 달리 법인이 주택을 매수하는 경우에는 조정대상지역 여부 혹은 구입금액에 상관없이 자금조달계획서를 제출해야 합니다.
- 투기과열지구 소재한 주택을 매수하는 경우라면, 개인과 마찬가지로 법인도 증빙서류를 준비해야 합니다.

참고

부동산거래신고등에관한법률시행령 별표1 中
2. 법인이 주택의 거래계약을 체결하는 경우
나. 주택 취득 목적 및 취득 자금 등에 관한 다음의 사항(법인이 주택의 매수자인 경우만 해당한다)

■ 부동산 거래신고 등에 관한 법률 시행규칙 [별지 제1호의2서식]

법인 주택 거래계약 신고서

※ 색상이 어두운 난은 신청인이 적지 않으며, [ ]에는 해당되는 곳에 √표시를 합니다.

접수번호		접수일시		처리기간	
구 분	[ ] 매도인 [ ] 매수인				
제출인 (법인)	법인명(등기사항전부증명서상 상호)		법인등록번호		
			사업자등록번호		
	주소(법인소재지)		(휴대)전화번호		
① 법인 등기현황	자본금 <div align="right">원</div>		② 등기임원(총 인원) <div align="right">명</div>		
	회사성립연월일		법인등기기록 개설 사유(최종)		
	③ 목적상 부동산 매매업(임대업) 포함 여부 [ ] 포함 [ ] 미포함		④ 사업의 종류 업태 ( ) 종목 ( )		
⑤ 거래상대방 간 특수관계 여부	법인 임원과의 거래 여부 [ ] 해당 [ ] 미해당		관계(해당하는 경우만 기재)		
	매도 · 매수법인 임원 중 동일인 포함 여부 [ ] 해당 [ ] 미해당		관계(해당하는 경우만 기재)		
	친족관계 여부 [ ] 해당 [ ] 미해당		관계(해당하는 경우만 기재)		
⑥ 주택 취득목적					

「부동산 거래신고 등에 관한 법률 시행령」별표 1 제2호가목 및 같은 법 시행규칙 제2조제5항에 따라 위와 같이 법인 주택 거래계약 신고서를 제출합니다.

년 월 일

제출인   (서명 또는 인)

시장·군수·구청장 귀하

유의사항
이 서식은 부동산거래계약 신고서 접수 전에는 제출할 수 없으니 별도 제출하는 경우에는 미리 부동산거래계약 신고서의 제출여부를 신고서 제출자 또는 신고관청에 확인하시기 바랍니다.

10 자금출처조사 검증대상자는 어떻게 선정하나요?

질문

자금출처조사 검증대상자는 어떻게 선정하나요?

키워드

#자금조달계획서 + PCI + FIU

답변

- 주택을 취득하는 자금이 정당한 출처가 있는 자금인지에 대해서는 국세청 뿐만 아니라 금융정보분석원(FIU), 국토교통부 등 다양한 관계기관의 자료를 활용하여 검증하고 있습니다.
- 일정 주택을 구입하는 경우에는 주택에 대한 자금조달계획서를 제출합니다. 관할 구청 및 국토교통부는 자금조달계획서를 통해 주택을 구입하는 자의 연령, 자기자금 규모, 차입금비율 등을 확인 후 특이한 거래에 대해 추가적인 자료를 요청할 수 있습니다.
- 국세청은 자산과 지출, 그리고 소득에 대한 PCI 분석으로 개인의 적정한 가용자금을 파악합니다. 자금조달계획서상 자기자금이 가용자금 범위 이내인지, 누락된 증여재산은 없는지 등을 확인할 수 있습니다.
- 또한 금융정보분석원은 특이한 계좌이체내역 및 현금입출금내역에 대한 정보를 확인하고 있습니다. 주택 구입시점의 특이한 가족간 자금거래내역은 FIU에서도 확인할 수 있음에 유의해야합니다.

> 참고

□ 참고(국세청 보도자료 2019. 11. 12.)

※ 검증대상자 선정
□ 국세청은 그간 고도화·정교화된 NTIS(차세대국세행정시스템)의 다양한 과세정보와 국토교통부의 자금조달계획서*, 금융정보분석원(FIU) 정보 등 과세인프라를 활용하여,
  *투기과열지구 내 실거래가 3억 원 이상 주택 취득 시 제출하며, 『부동산거래신고등에 관한 법률』제5조에 근거하여 국세청 통보

○ 고가 아파트 등 취득자와 고액 전세입자에 대한 소득·재산·금융자료와 카드 사용내역 등 PCI분석*을 통해 현금 흐름을 입체적으로 분석하였고,
  *PCI(Property, Consumption, Income)분석: 자산·지출·소득 연계분석
  - 그 결과, 연소자가 부모 등으로부터 현금을 편법증여 받거나 사업소득 탈루 또는 사업체 자금을 유용하여 부동산을 취득한 혐의가 있는 자를 검증대상자로 선정하였습니다.

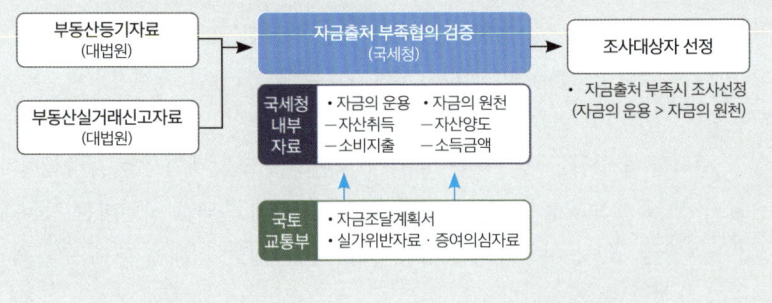

11 자금출처조사 대상자가 되었던 유형들

질문

실제 자금출처조사 사례에는 어떤 것들이 있나요?

키워드

#편법증여, #증여세 탈루

답변

- 부친으로부터 현금을 증여받아 고가의 부동산을 취득하고, 증여세 탈루 혐의 사례(국세청 보도자료 2019.11.12.)
- 특별한 소득이 없으면서 배우자로부터 현금을 편법증여받아 고가아파트를 취득하고 증여세 탈루 혐의 사례(국세청 보도자료 2019.11.12.)
- 외조모 명의 계좌를 통해 부동산취득자금을 편법으로 우회증여받은 혐의 사례(국세청 보도자료 2019.11.12.)
- 30대 직장인이 고가 아파트를 취득하면서 부동산 중개업자로부터 거액을 차입한 것으로 소명하였으나, 실제는 부모 등으로부터 증여 받은 혐의(국세청 보도자료 2020.5.7.)
- 임대업자가 임대료 수익 등을 현금으로 관리하면서 무통장 입금, 지인 계좌를 통한 우회 입금 등 방식으로 연소자인 자녀에게 편법 증여하여 증여세 추징(국세청 보도자료 2020.5.7.)

12 (실전작성사례) 미래소득을 기재해도 될까요?

기본상황

- A씨는 투기과열지구 소재 아파트를 구입하려 합니다.

구분	금액
계약금	1억원
중도금	2억원
잔금	7억원
합계	10억원

자금 출처

- 직장생활을 한지는 10년이 되었습니다.
- 연봉이 많기는 하지만 집을 구매하는데 약간 부족합니다.
- 잔금일까지 5개월 남았는데, 5개월간의 월급까지 더하면 자금은 충분합니다.

구분	금액	자금출처	비고
예금	9.5억원	근로소득	
미래월급	0.5억원	미래 근로소득	현재 통장 x
합계	10억원		

작성방법

아래 순서로 자금조달계획서를 작성합니다.

자금조달계획부분의 자기자금
- ②번 금융기관 예금액 항목에 9.5억원
- ⑤번 현금 등 그밖의 자금 항목에 0.5억원
- ⑦번 소계 항목에 10억원

자금조달 합계
- ⑬번 합계 항목에 10억원

조달자금지급방식
- 총거래대금 항목에 10억원
- ⑮번 계좌이체금액 항목에 10억원

주택취득자금 조달 및 입주계획서

① 자금조달계획	자기자금	② 금융기관 예금액 950,000,000 원		③ 주식 · 채권 매각대금 원	
		④ 증여 · 상속 원		⑤ 현금 등 그 밖의 자금 50,000,000 원	
		[ ]부부 [ ]직계존비속(관계:) [ ] 그 밖의 관계( )		[ ] 보유 현금 [ ]그 밖의 자산(종류:)	
		⑥ 부동산 처분대금 등 원		⑦ 소계 1,000,000,000 원	
	차입금 등	⑧ 금융기관 대출액 합계 원	주택담보대출		원
			신용대출		원
			그 밖의 대출 (대출 종류:)		원
		기존 주택 보유 여부 (주택담보대출이 있는 경우만 기재) [ ]미보유 [ ]보유 (건)			
		⑨ 임대보증금 원		⑩ 회사지원금 · 사채 원	
		⑪ 그 밖의 차입금 원		⑫ 소계 원	
		[ ]부부 [ ]직계존비속(관계:) [ ] 그 밖의 관계( )			
	⑬ 합계			1,000,000,000 원	
⑭ 조달자금 지급방식		총 거래금액		1,000,000,000 원	
		⑮ 계좌이체 금액		1,000,000,000 원	
		⑯ 보증금 · 대출 승계 금액		원	
		⑰ 현금 및 그 밖의 지급방식 금액		원	
		지급 사유 ( )			

제출증빙

- 예금으로 기재한 부분은 예금잔액증명서를 준비합니다.
- 현금 등 그 밖의 자금으로 기재한 부분은 급여명세서, 원천징수영수증 등을 준비하여 미래급여로 기재한 부분이 합리적인 금액 범위임을 입증합니다.

구분	금액	증빙
예금	9.5억원	예금잔액증명서
미래월급	0.5억원	원천징수영수증 등
합계	10억원	

Q 잔금일까지의 미래월급도 자금조달계획서에 적을 수 있나요?
A 네. 실제 기대되는 월급을 주택구입자금으로 사용하는 경우에는 그 금액도 기재할 수 있습니다.

Q 지난 몇 개월의 급여명세서에는 없지만, 조만간 상여를 받을 예정입니다. 앞으로 받을 상여를 자금조달계획서에 기재할 수 있을까요?
A 지난 해의 상여금 명세서(혹은 올해 상여금지급결정서 등)를 증빙으로 제출할 수도 있습니다.

13 (실전작성사례) 신고하지 않은 사업소득이 있다면?

기본상황

- A씨는 투기과열지구 소재 아파트를 구입하려 합니다.

구분	금액
계약금	1억원
중도금	2억원
잔금	7억원
합계	10억원

자금 출처

- 개인사업을 시작한지는 10년이 넘었습니다.
- 사업활동을 통해 벌어들인 자금으로 집을 구입하는데 부족하지 않습니다.
- 그런데 통장잔액 중 일부 소득신고가 안된 금액이 포함되어 있습니다.

구분	금액	자금출처	비고
예금	8억원	사업소득	
예금	2억원	사업소득	소득신고x
합계	10억원		

작성방법

아래 순서로 자금조달계획서를 작성합니다.

자금조달계획부분의 자기자금
- ②번 금융기관 예금액 항목에 10억원
- ⑦번 소계 항목에 10억원

⬇

자금조달 합계
- ⑬번 합계 항목에 10억원

⬇

조달자금지급방식
- 총거래대금 항목에 10억원
- ⑮번 계좌이체금액 항목에 10억원

주택취득자금 조달 및 입주계획서				
① 자금 조달계획	자기 자금	② 금융기관 예금액 1,000,000,000 원		③ 주식·채권 매각대금 원	
		④ 증여·상속 원		⑤ 현금 등 그 밖의 자금 원	
		[ ]부부 [ ]직계존비속(관계:) [ ] 그 밖의 관계( )		[ ] 보유 현금 [ ]그 밖의 자산(종류:)	
		⑥ 부동산 처분대금 등 원		⑦ 소계 1,000,000,000 원	
	차입금 등	⑧ 금융기관 대출액 합계 원	주택담보대출	원
			신용대출	원
			그 밖의 대출	원 (대출 종류:)
		기존 주택 보유 여부 (주택담보대출이 있는 경우만 기재) [ ] 미보유 [ ] 보유 (건)			
		⑨ 임대보증금 원		⑩ 회사지원금·사채 원	
		⑪ 그 밖의 차입금 원		⑫ 소계 원	
		[ ] 부부 [ ] 직계존비속(관계:) [ ] 그 밖의 관계( )			
	⑬ 합계	1,000,000,000 원			
⑭ 조달자금 지급방식		총 거래금액	1,000,000,000 원		
		⑮ 계좌이체 금액	1,000,000,000 원		
		⑯ 보증금·대출 승계 금액	원		
		⑰ 현금 및 그 밖의 지급방식 금액	원		
		지급 사유 ( )		

제출증빙

예금으로 기재한 부분은 예금잔액증명서를 준비합니다.

구분	금액	증빙
예금	10억원	예금잔액증명서
합계	10억원	

Q 사업활동을 열심히 해서 모은 자금인데, 소득신고를 하지않은 금액이 있으면 문제될까요?

A 자금조달계획서를 제출하고, 아파트 등기를 하는 당장에는 자금출처문제가 발견되지 않을 수도 있습니다. 하지만 사후적으로 과세관청에서 소득신고된 금액과 예금을 비교하는 과정에서, 차이금액에 대한 소명요청을 받을 수 있습니다. 이때 소명요청에 대한 대응자료가 합리적이지 않을 경우 사업체에 대한 세무조사로까지 확대될 수도 있습니다.

Q 일부 소득신고를 누락했을 때에는 어떻게 해야하나요?

A 그동안의 소득금액을 확인하고, 그 범위를 벗어난 자금은 금융기관 대출 등 타인자금을 활용할 수도 있습니다.

14 (실전작성사례) 주식투자로 인한 수익을 사용한다면?

기본상황

- A씨는 투기과열지구 소재 아파트를 구입하려 합니다.

구분	금액
계약금	1억원
중도금	2억원
잔금	7억원
합계	10억원

자금 출처

- 직장생활을 한지는 10년이 되었습니다.
- 직장생활을 하며 여윳돈으로 주식에 투자해왔습니다.
- 가치주 위주로 장기투자하다 보니 400% 이상의 수익이 났습니다.

구분	금액	자금출처	비고
예금	2억원	근로소득	
주식	8억원	근로소득	투자금액 2억원
합계	10억원		

작성방법

아래 순서로 자금조달계획서를 작성합니다.

```
자금조달계획부분의 자기자금
 • ②번 금융기관 예금액 항목에 2억원
 • ③번 주식매각대금 항목에 8억원
 • ⑦번 소계 항목에 10억원
```

⬇

```
자금조달 합계
 • ⑬번 합계 항목에 10억원
```

⬇

```
조달자금지급방식
 • 총거래대금 항목에 10억원
 • ⑮번 계좌이체금액 항목에 10억원
```

주택취득자금 조달 및 입주계획서

① 자금 조달계획	자기 자금	② 금융기관 예금액 200,000,000 원		③ 주식·채권 매각대금 800,000,000 원	
		④ 증여·상속 원		⑤ 현금 등 그 밖의 자금 원	
		[ ]부부 [ ]직계존비속(관계:) [ ] 그 밖의 관계( )		[ ] 보유 현금 [ ] 그 밖의 자산(종류:)	
		⑥ 부동산 처분대금 등 원		⑦ 소계 1,000,000,000 원	
	차입금 등	⑧ 금융기관 대출액 합계 원	주택담보대출		원
			신용대출		원
			그 밖의 대출 (대출 종류:)		원
		기존 주택 보유 여부 (주택담보대출이 있는 경우만 기재) [ ] 미보유 [ ] 보유 (건)			
		⑨ 임대보증금 원		⑩ 회사지원금·사채 원	
		⑪ 그 밖의 차입금 원		⑫ 소계 원	
		[ ] 부부 [ ]직계존비속(관계:) [ ] 그 밖의 관계( )			
	⑬ 합계			1,000,000,000 원	
⑭ 조달자금 지급방식		총 거래금액		1,000,000,000 원	
		⑮ 계좌이체 금액		1,000,000,000 원	
		⑯ 보증금·대출 승계 금액		원	
		⑰ 현금 및 그 밖의 지급방식 금액		원	
		지급 사유 ( )			

제출증빙

- 예금으로 기재한 부분은 예금잔액증명서를 준비합니다.
- 주식으로 기재한 부분은 주식거래내역서를 준비합니다.

구분	금액	증빙
예금	2억원	예금잔액증명서
주식	8억원	주식거래내역서 등
합계	10억원	

Q 주식투자로 발생한 수익을 사용해도 문제없을까요?

A 본인의 자금으로 투자를 하는 경우에는 자금출처 문제가 없습니다.
투자자금의 출처가 본인의 자금인 경우, 그 투자의 수익금액도 당연히 본인에게 귀속되기 때문입니다.

Q 본인의 자금이 아닌, 부모님의 자금으로 주식투자를 했다면 문제될까요?

A 부모님의 자금으로 주식투자를 한 경우 그 주식투자수익이 누구에게 귀속될지를 판단하기 위해서는 실제 자금의 활용과 운용의 주체를 입증할 수 있는 근거자료 등에 대한 검토가 필요합니다.

15 (실전작성사례) 복권당첨금액이 있다면?

기본상황

- A씨는 투기과열지구 소재 아파트를 구입하려 합니다.

구분	금액
계약금	1억원
중도금	2억원
잔금	7억원
합계	10억원

자금 출처

- 직장생활을 한지 10년이 되었지만, 저축을 많이 하지는 못했습니다.
- 평소 꾸준하게 매주 복권을 구입했었는데, 운좋게 복권에 당첨이 되었습니다.

구분	금액	자금출처	비고
예금	1억원	근로소득	
예금	9억원	기타소득	1등 당첨금 24억원
합계	10억원		

작성방법

아래 순서로 자금조달계획서를 작성합니다.

자금조달계획부분의 자기자금
- ②번 금융기관 예금액 항목에 10억원
- ⑦번 소계 항목에 10억원

↓

자금조달 합계
- ⑬번 합계 항목에 10억원

↓

조달자금지급방식
- 총거래대금 항목에 10억원
- ⑮번 계좌이체금액 항목에 10억원

주택취득자금 조달 및 입주계획서

① 자금 조달계획	자기 자금	② 금융기관 예금액 1,000,000,000 원		③ 주식·채권 매각대금 원
		④ 증여·상속 원		⑤ 현금 등 그 밖의 자금 원
		[ ]부부 [ ]직계존비속(관계:) [ ] 그 밖의 관계( )		[ ] 보유 현금 [ ]그 밖의 자산(종류:)
		⑥ 부동산 처분대금 등 원		⑦ 소계 1,000,000,000 원
	차입금 등	⑧ 금융기관 대출액 합계 원	주택담보대출	원
			신용대출	원
			그 밖의 대출 (대출 종류:)	원
		기존 주택 보유 여부 (주택담보대출이 있는 경우만 기재) [ ] 미보유 [ ] 보유 (건)		
		⑨ 임대보증금 원		⑩ 회사지원금·사채 원
		⑪ 그 밖의 차입금 원		⑫ 소계 원
		[ ] 부부 [ ] 직계존비속(관계:) [ ] 그 밖의 관계( )		
	⑬ 합계			1,000,000,000 원
⑭ 조달자금 지급방식		총 거래금액		1,000,000,000 원
		⑮ 계좌이체 금액		1,000,000,000 원
		⑯ 보증금·대출 승계 금액		원
		⑰ 현금 및 그 밖의 지급방식 금액		원
		지급 사유 (		)

제출증빙

- 예금만으로도 충분한 경우, 예금잔액증명서를 준비합니다.
- 이때 예금잔액에 대한 추가증빙으로 기타소득 원천징수영수증을 첨부할 수도 있습니다.

구분	금액	증빙
예금	10억원	예금잔액증명서
합계	10억원	

- Q 평소에 저축은 약간만 하고 나머지는 다 카드로 썼는데 괜찮을까요? 복권당첨되어 예금을 너무 많이 기재한 것 같아서요.
- A 당첨금을 수령할 때 금융기관에서 기타소득원천징수를 합니다.
  정당하게 세금신고된 소득이므로 자금조달계획서에 기재하면 됩니다.

- Q 복권당첨금은 세전 금액으로 기재하나요?
- A 기타소득세를 원천징수하고 나서의 세후금액을 기준으로 작성합니다.

16. (실전작성사례) 배우자 통장에 있는 자금을 사용하면?

기본상황

- A씨는 투기과열지구 소재 아파트를 구입하려 합니다.

구분	금액
계약금	1억원
중도금	2억원
잔금	7억원
합계	10억원

자금 출처

- 연봉 및 스톡옵션만으로도 집을 구입하는데 부족하지 않습니다.
- 하지만 해당 자금이 본인 명의가 아닌, 배우자 명의의 통장에 있습니다.
- 그래서 자금조달계획서를 제출하기 전에 A씨 본인의 통장으로 이체했습니다.

구분	금액	자금출처	비고
예금	10억원	근로소득	배우자가 관리
합계	10억원		

작성방법

아래 순서로 자금조달계획서를 작성합니다.

자금조달계획부분의 자기자금
- ②번 금융기관 예금액 항목에 10억원
- ⑦번 소계 항목에 10억원

↓

자금조달 합계
- ⑬번 합계 항목에 10억원

↓

조달자금지급방식
- 총거래대금 항목에 10억원
- ⑮번 계좌이체금액 항목에 10억원

주택취득자금 조달 및 입주계획서

① 자금 조달계획	자기 자금	② 금융기관 예금액		1,000,000,000 원	③ 주식·채권 매각대금		원
		④ 증여·상속		원	⑤ 현금 등 그 밖의 자금		원
		[ ]부부 [ ]직계존비속(관계:　) [ ] 그 밖의 관계(　)			[ ] 보유 현금 [ ]그 밖의 자산(종류:　)		
		⑥ 부동산 처분대금 등		원	⑦ 소계		1,000,000,000 원
	차입금 등	⑧ 금융기관 대출액 합계		원	주택담보대출		원
					신용대출		원
					그 밖의 대출	(대출 종류:　)	원
		기존 주택 보유 여부 (주택담보대출이 있는 경우만 기재) [ ] 미보유　[ ] 보유 (　건)					
		⑨ 임대보증금		원	⑩ 회사지원금·사채		원
		⑪ 그 밖의 차입금		원	⑫ 소계		원
		[ ] 부부 [ ] 직계존비속(관계:　) [ ] 그 밖의 관계(　)					
	⑬ 합계						1,000,000,000 원
⑭ 조달자금 지급방식		총 거래금액					1,000,000,000 원
		⑮ 계좌이체 금액					1,000,000,000 원
		⑯ 보증금·대출 승계 금액					원
		⑰ 현금 및 그 밖의 지급방식 금액					원
		지급 사유 (　　　)					

제출증빙

- 예금만으로도 충분한 경우, 예금잔액증명서를 준비합니다.
- 이때 예금잔액에 대한 추가증빙으로 본인의 소득금액증명원을 추가로 제출할 수도 있습니다.

구분	금액	증빙
예금	10억원	예금잔액증명서
합계	10억원	

Q 배우자 통장에 있는 금액을 사용해도 되나요?

A 자금조달계획서상 자기 예금으로 기재한 부분에 대해서는 기본적으로 본인 명의의 통장에 해당 금액이 있어야 합니다.

Q 본인 통장으로 이체하지 않고, 배우자 명의 통장에서 바로 거래상대방에게 이체를 했으면 문제가 될까요?

A 자기자금에 대해 배우자 명의의 예금잔액증명서를 제출하는 경우에는, 배우자로부터 해당 금액을 증여받았다고 보여질 수 있음에 유의해야합니다. 또한, 배우자 통장에 있던 자금을 본인 통장으로 이체할 때에도, 해당 금액이 실제 본인의 소득이었고, 단순히 관리 편의상 배우자 통장에 있었다는 사실을 정리해야 증여세 과세위험이 낮아질 수 있습니다.

17 (실전작성사례) 혼인신고를 미루고 있는 경우에는?

기본상황

- A씨는 투기과열지구 소재 아파트를 구입하려 합니다.

구분	금액
계약금	1억원
중도금	2억원
잔금	7억원
합계	10억원

자금 출처

- A씨와 B씨는 직장생활을 한지는 10년이 되었습니다.
- 조만간 결혼식을 올릴 예정이지만, 혼인신고는 사정상 미루려 합니다.
- 지금까지 모은 자금은 A씨 예금 5억원, B씨 예금 5억원이고, 아파트는 A씨 단독명의로 할 계획입니다.

구분	금액	자금출처	비고
예금	5억원	근로소득	본인 A
예금	5억원	차입금	예비배우자 B
합계	10억원		

작성방법

A씨는 아래 순서로 자금조달계획서를 작성합니다.

```
자금조달계획부분의 자기자금
• ②번 금융기관 예금액 항목에 5억원
• ⑦번 소계 항목에 5억원
```
⬇
```
자금조달계획부분의 차입금
• ⑪번 그 밖의 차입금 항목에 5억원
  (관계란에 기타 체크)
• ⑫번 소계 항목에 5억원
```
⬇
```
자금조달 합계
• ⑬번 합계 항목에 10억원
```
⬇
```
조달자금지급방식
• 총거래대금 항목에 10억원
• ⑮번 계좌이체금액 항목에 10억원
```

주택취득자금 조달 및 입주계획서

① 자금 조달계획	자기 자금	② 금융기관 예금액 500,000,000 원		③ 주식·채권 매각대금 원	
		④ 증여·상속 원		⑤ 현금 등 그 밖의 자금 원	
		[ ]부부 [ ]직계존비속(관계:) [ ] 그 밖의 관계( )		[ ] 보유 현금 [ ]그 밖의 자산(종류:)	
		⑥ 부동산 처분대금 등 원		⑦ 소계 500,000,000 원	
	차입금 등	⑧ 금융기관 대출액 합계 원	주택담보대출		원
			신용대출		원
			그 밖의 대출	(대출 종류:)	원
		기존 주택 보유 여부 (주택담보대출이 있는 경우만 기재) [ ] 미보유 [ ] 보유 (건)			
		⑨ 임대보증금 500,000,000 원		⑩ 회사지원금·사채 원	
		⑪ 그 밖의 차입금 500,000,000 원		⑫ 소계 500,000,000 원	
		[ ] 부부 [ ] 직계존비속(관계:) [O] 그 밖의 관계(기타)			
	⑬ 합계			1,000,000,000 원	
⑭ 조달자금 지급방식		총 거래금액		1,000,000,000 원	
		⑮ 계좌이체 금액		1,000,000,000 원	
		⑯ 보증금·대출 승계 금액		원	
		⑰ 현금 및 그 밖의 지급방식 금액		원	
		지급 사유 ( )			

제출증빙

- 예금으로 기재한 부분은 예금잔액증명서를 준비합니다.
- 혼인신고 하기 전의 배우자에게 이체받은 금액에 대해서는 차입계약서를 준비합니다.

구분	금액	증빙
예금	5억원	예금잔액증명서
예비배우자 차입	5억원	차입계약서
합계	10억원	

Q 배우자에게는 얼마까지 증여받아도 세금이 없나요?
A 배우자증여공제금액은 6억원입니다.

Q 혼인신고만 안했지 실제로 같이 살고 있는 부부인데, 차입이 아닌 증여로 기재하면 안되나요?
A 배우자증여공제금액은 혼인신고된 법적인 부부사이에 적용할 수 있습니다. 혼인신고 전이라면 증여공제금액을 활용할 수 없어 차입금으로 관리하는 편이 유리합니다.

Q 증여를 할 수 없는 관계라면, 차용증만 작성해놓으면 되겠죠?
A 차용증이라는 형식상의 서류 외에, 차입금에 대해서 실질적인 증빙을 갖추어놓아야 합니다. 차용증이 있다고 하더라도 실질적인 상환증빙을 제시하지 못한다면 증여세가 과세될 수 있음에 유의해야 합니다.

18 (실전작성사례) 가족 간 차입금이 있는 경우에는?

기본상황

- 40대 A씨는 서울(투기과열지구) 소재 아파트를 구입하려 합니다.

구분	금액
계약금	1억원
중도금	2억원
잔금	7억원
합계	10억원

자금 출처

- 직장생활을 한지는 10년이 되었습니다.
- 그동안 저축한 자금과 주식투자 이익금액이 있지만, 집을 구입하기에는 부족합니다.
- 증여를 받자니 증여세가 부담되어서 부모님께 빌리기로 하였습니다.

구분	금액	자금출처	비고
예금	2억원	근로소득	저축
주식	3억원	근로소득	투자금액 1억원
차입	5억원	차입금	부모님 차입
합계	10억원		

작성방법

아래 순서로 자금조달계획서를 작성합니다.

자금조달계획부분의 자기자금
- ②번 금융기관 예금액 항목에 2억원
- ③번 주식매각대금 항목에 3억원
- ⑦번 소계 항목에 5억원

↓

자금조달계획부분의 차입금
- ⑪번 그 밖의 차입금 항목에 5억원
  (관계란에 직계존비속 체크)
- ⑫번 소계 항목에 5억원

↓

자금조달 합계
- ⑬번 합계 항목에 10억원

↓

조달자금지급방식
- 총거래대금 항목에 10억원
- ⑮번 계좌이체금액 항목에 10억원

		주택취득자금 조달 및 입주계획서			
① 자금 조달계획	자기 자금	② 금융기관 예금액	200,000,000 원	③ 주식·채권 매각대금	300,000,000 원
		④ 증여·상속	원	⑤ 현금 등 그 밖의 자금	원
		[ ]부부 [ ]직계존비속(관계:) [ ] 그 밖의 관계( )		[ ] 보유 현금 [ ]그 밖의 자산(종류:)	
		⑥ 부동산 처분대금 등	원	⑦ 소계	500,000,000 원
	차입금 등	⑧ 금융기관 대출액 합계	원	주택담보대출	원
				신용대출	원
				그 밖의 대출	원
				(대출 종류:)	
		기존 주택 보유 여부 (주택담보대출이 있는 경우만 기재) [ ]미보유 [ ]보유 (건)			
		⑨ 임대보증금	원	⑩ 회사지원금·사채	원
		⑪ 그 밖의 차입금	500,000,000 원	⑫ 소계	500,000,000 원
		[ ]부부 [O]직계존비속(관계: 父) [ ] 그 밖의 관계( )			
	⑬ 합계				1,000,000,000 원
⑭ 조달자금 지급방식		총 거래금액			1,000,000,000 원
		⑮ 계좌이체 금액			1,000,000,000 원
		⑯ 보증금·대출 승계 금액			원
		⑰ 현금 및 그 밖의 지급방식 금액			원
		지급 사유 ( )			

제출증빙

- 주식투자자금을 활용하는 경우에는 주식거래내역서를 준비합니다.
- 가족간 자금을 차입하는 경우에는 차입계약서를 준비합니다.

구분	금액	증빙
예금	2억원	예금잔액증명서
주식	3억원	주식거래내역서
차입금	5억원	차입계약서
합계	10억원	

Q 부모님께 빌리면 세금은 없겠죠?

A 네. 부모님께 빌리는 것이 맞다면 증여세는 발생하지 않습니다.

Q 빌린 것이 맞다면 세무서에서 연락이 오진 않겠죠?

A 가족 간에 큰 자금이 오가는 경우, 과세관청은 빌려주는 것 보다는 증여라는 행위에 초점을 두고 있습니다. 해당 차입금은 사후관리 대상이 될 수도 있습니다. 나중에 세무서의 소명자료 요청에 당황하지 않기 위해서는 사전적으로 차입증빙을 꼼꼼히 준비하는 것이 좋습니다.

19. (실전작성사례) 예전에 부모님께 지원받은 전세보증금을 활용하면?

기본상황

- A씨는 투기과열지구 소재 아파트를 구입하려 합니다.

구분	금액
계약금	1억원
중도금	2억원
잔금	7억원
합계	10억원

자금 출처

- 직장생활을 하며 저축을 해왔고, 주식투자로 인한 수익금액이 있습니다.
- 또한 현재 살고 있는 전세를 빼면서 반환받을 보증금도 주택구입 자금으로 활용할 계획입니다.
- 그런데 전세보증금은 과거에 부모님께서 지원해주셨습니다.

구분	금액	자금출처	비고
예금	2억원	근로소득	저축
주식	3억원	근로소득	투자금액 1억원
전세보증금	5억원	부동산처분대금	부모님 지원
합계	10억원		

작성방법

아래 순서로 자금조달계획서를 작성합니다.

자금조달계획부분의 자기자금
- ②번 금융기관 예금액 항목에 2억원
- ③번 주식매각대금 항목에 3억원
- ⑥번 부동산처분대금 항목에 5억원
- ⑦번 소계 항목에 10억원

자금조달 합계
- ⑬번 합계 항목에 10억원

조달자금지급방식
- 총거래대금 항목에 10억원
- ⑮번 계좌이체금액 항목에 10억원

주택취득자금 조달 및 입주계획서

① 자금 조달계획	자기 자금	② 금융기관 예금액 200,000,000 원		③ 주식·채권 매각대금 300,000,000원	
		④ 증여·상속 원		⑤ 현금 등 그 밖의 자금 원	
		[ ]부부 [ ]직계존비속(관계:) [ ] 그 밖의 관계( )		[ ] 보유 현금 [ ]그 밖의 자산(종류:)	
		⑥ 부동산 처분대금 등 500,000,000 원		⑦ 소계 1,000,000,000 원	
	차입금 등	⑧ 금융기관 대출액 합계 원	주택담보대출		원
			신용대출		원
			그 밖의 대출 (대출 종류:)		원
		기존 주택 보유 여부 (주택담보대출이 있는 경우만 기재) [ ]미보유 [ ]보유 (건)			
		⑨ 임대보증금 원		⑩ 회사지원금·사채 원	
		⑪ 그 밖의 차입금 원		⑫ 소계 원	
		[ ] 부부 [ ] 직계존비속(관계:) [ ] 그 밖의 관계( )			
	⑬ 합계			1,000,000,000 원	
⑭ 조달자금 지급방식		총 거래금액		1,000,000,000 원	
		⑮ 계좌이체 금액		1,000,000,000 원	
		⑯ 보증금·대출 승계 금액		원	
		⑰ 현금 및 그 밖의 지급방식 금액		원	
		지급 사유 ( )			

제출증빙

- 주식투자자금을 활용하는 경우에는 주식거래내역서를 준비합니다.
- 전세보증금을 반환받아 주택을 구입하는 경우에는 전세계약서를 준비합니다.

구분	금액	증빙
예금	2억원	예금잔액증명서
주식	3억원	주식거래내역서
부동산처분대금	5억원	전세계약서
합계	10억원	

Q 기존 전셋집을 마련할 때 부모님께 증여를 받았습니다.
이 전세보증금을 자금조달계획서에 기재해도 될까요?

A 네. 기존 전셋집 마련시 지원받은 금액에 대해 정상적으로 증여신고를 한 경우, 그 전세보증금은 본인의 자금출처가 됩니다.

Q 전세금 지원금액에 대해 증여세 신고를 하지 않았습니다.

A 전세보증금은 자금조달계획서상 부동산처분대금으로 자기자금에 해당합니다. 연령, 소득 대비 자기자금이 과다한 것으로 보이면, 결국 전세자금에 대한 출처가 문제될 수도 있습니다. 전세보증금이 증여신고가 안된 것으로 밝혀지면 증여세 뿐만 아니라 가산세까지 부담할 수도 있습니다.

20 (실전작성사례) 상속받은 예금이 있다면?

기본상황

- A씨는 투기과열지구 소재 아파트를 구입하려 합니다.

구분	금액
계약금	1억원
중도금	2억원
잔금	7억원
합계	10억원

자금 출처

- 직장생활을 하며 저축을 해왔고, 주식투자로 인한 수익금액이 있습니다.
- 그리고 최근에 상속받은 예금이 있어 주택구입자금으로 사용하려 합니다.

구분	금액	자금출처	비고
예금	2억원	근로소득	저축
예금	5억원	상속예금	
주식	3억원	근로소득	투자금액 1억원
합계	10억원		

작성방법

아래 순서로 자금조달계획서를 작성합니다.

자금조달계획부분의 자기자금
- ②번 금융기관 예금액 항목에 7억원
- ③번 주식매각대금 항목에 3억원
- ⑦번 소계 항목에 10억원

⬇

자금조달 합계
- ⑬번 합계 항목에 10억원

⬇

조달자금지급방식
- 총거래대금 항목에 10억원
- ⑮번 계좌이체금액 항목에 10억원

주택취득자금 조달 및 입주계획서

① 자금 조달계획	자기 자금	② 금융기관 예금액	700,000,000 원	③ 주식·채권 매각대금	300,000,000 원
		④ 증여·상속 [ ]부부 [ ]직계존비속(관계:) [ ] 그 밖의 관계( )	원	⑤ 현금 등 그 밖의 자금 [ ] 보유 현금 [ ]그 밖의 자산(종류:)	원
		⑥ 부동산 처분대금 등	원	⑦ 소계	1,000,000,000 원
	차입금 등	⑧ 금융기관 대출액 합계	원	주택담보대출	원
				신용대출	원
				그 밖의 대출 (대출 종류:)	원
		기존 주택 보유 여부 (주택담보대출이 있는 경우만 기재) [ ] 미보유 [ ] 보유 (건)			
		⑨ 임대보증금	원	⑩ 회사지원금·사채	원
		⑪ 그 밖의 차입금 [ ] 부부 [ ] 직계존비속(관계:) [ ] 그 밖의 관계( )	원	⑫ 소계	원
	⑬ 합계				1,000,000,000 원
⑭ 조달자금 지급방식		총 거래금액			1,000,000,000 원
		⑮ 계좌이체 금액			1,000,000,000 원
		⑯ 보증금·대출 승계 금액			원
		⑰ 현금 및 그 밖의 지급방식 금액			원
		지급 사유 (			)

제출증빙

- 상속재산이 이미 통장에 들어있다면, 예금잔액증명서 준비합니다.

구분	금액	증빙
예금(저축)	2억원	예금잔액증명서
예금(상속)	5억원	예금잔액증명서
주식	3억원	주식거래내역서
합계	10억원	

Q 예금이 많은 것으로 보여 걱정됩니다. 상속세신고서를 안내도 되나요?
A 자금조달증빙은 실거래신고시점에서의 자금보유형태에 따라 제출합니다. 상속재산을 예금으로 보유하고 있으면 예금잔액증명서를 제출하면 됩니다.

Q 혹시 관할 구청이나 세무서에서 과다한 예금에 대한 소명자료가 오면 어쩌죠?
A 예금이 과다한 것으로 보여 소명자료 요청이 있다고 해도, 상속세신고서를 제출하면 됩니다.

Q 피상속인에게 배우자와 자녀가 있고, 상속재산이 10억원 미만이라 상속세신고를 하지 않았습니다. 상속세 신고서가 없는 경우에는 어떻게 할까요?
A 상속세신고를 하지 않았어도, 상속인 간에 상속재산 분할협의를 해야합니다. 즉, 상속세신고서가 없다면, 상속재산분할협의서를 제출할 수도 있습니다.

21 (실전작성사례) 축의금은 누구의 자금인가요?

기본상황

- A씨는 투기과열지구 소재 아파트를 구입하려 합니다.

구분	금액
계약금	1억원
중도금	2억원
잔금	7억원
합계	10억원

자금 출처

- 직장생활을 하며 저축은 거의 하지않고, 주식투자를 주로 했습니다.
- 최근에 결혼식을 했고, 축의금을 생각보다 많이 받았습니다.
- 부모님께서 축의금을 모두 집 사는데 사용하라고 하셨습니다.

구분	금액	자금출처	비고
예금	1억원	근로소득	저축
예금	2억원	축의금	
주식	7억원	근로소득	투자금액 2억원
합계	10억원		

작성방법

아래 순서로 자금조달계획서를 작성합니다.

자금조달계획부분의 자기자금
- ②번 금융기관 예금액 항목에 3억원
- ③번 주식매각대금 항목에 7억원
- ⑦번 소계 항목에 10억원

↓

자금조달 합계
- ⑬번 합계 항목에 10억원

↓

조달자금지급방식
- ⑮번 계좌이체금액 항목에 10억원

주택취득자금 조달 및 입주계획서

① 자금 조달계획	자기 자금	② 금융기관 예금액 300,000,000 원		③ 주식·채권 매각대금 700,000,000 원	
		④ 증여·상속 원		⑤ 현금 등 그 밖의 자금 원	
		[ ]부부 [ ]직계존비속(관계:) [ ] 그 밖의 관계( )		[ ] 보유 현금 [ ]그 밖의 자산(종류:)	
		⑥ 부동산 처분대금 등 원		⑦ 소계 1,000,000,000 원	
	차입금 등	⑧ 금융기관 대출액 합계 원	주택담보대출		원
			신용대출		원
			그 밖의 대출		원
				(대출 종류:)	
		기존 주택 보유 여부 (주택담보대출이 있는 경우만 기재) [ ] 미보유 [ ] 보유 (건)			
		⑨ 임대보증금 원		⑩ 회사지원금·사채 원	
		⑪ 그 밖의 차입금 원		⑫ 소계 원	
		[ ] 부부 [ ] 직계존비속(관계:) [ ] 그 밖의 관계( )			
	⑬ 합계			1,000,000,000 원	
⑭ 조달자금 지급방식		총 거래금액		1,000,000,000 원	
		⑮ 계좌이체 금액		1,000,000,000 원	
		⑯ 보증금·대출 승계 금액		원	
		⑰ 현금 및 그 밖의 지급방식 금액		원	
		지급 사유 ( )			

제출증빙

- 축의금을 받아 예금통장에 넣은 경우, 예금잔액증명서를 준비합니다.

구분	금액	증빙
예금	3억원	예금잔액증명서
주식	7억원	주식거래내역서
합계	10억원	

Q 축의금을 주택구입자금으로 사용해도 되나요?

A 축의금은 기본적으로 부모님에게 귀속됩니다.
다만, 결혼당사자 본인에게 직접 건네진 것을 입증할 수 있다면 그 부분은 본인의 자금출처로 사용할 수 있습니다.

Q 결혼당사자인 신랑신부에게 건네진 축의금이라는 것을 어떻게 입증하죠?

A 축의금 중 본인자금에 대한 입증을 하기 위해서는 적어도 전체 방문자별 축의금 내역 뿐만 아니라 방문자와 본인의 관계가 기록된 자료 등을 구비해야 할 것으로 보입니다.

Q 방문자별 자료가 별도로 없어요. 그리고 결혼당사자인 저보다는 부모님쪽 손님의 축의금이 훨씬 많습니다.

A 신랑신부에게 직접 귀속되는 축의금이라고 증명할 수 없다면,
축의금은 모두 부모님의 자금이라고 보며, 그 축의금을 자녀가 사용한다면 증여세가 과세될 수 있음에 유의해야 합니다.

2023년 부동산 세금 상식백과

PART | 03

차용증편

- 01 자금조달계획서를 제출할 경우에만 차용증을 작성하나요?
- 02 차입금 관리를 못하면 세금폭탄을 맞을 수도?
- 03 차용증을 세무서에 언제까지 신고해야 하나요?
- 04 차용증 작성방법
- 05 차용증 공증보다 중요한 것
- 06 공증보다 저렴한 내용증명 보내는 방법
- 07 가족 간 자금거래시 꼭 확인해야 할 법정 기준이자율
- 08 반드시 법정이자율을 지급해야 하나요?
- 09 무이자도 가능하다고?
- 10 이자의 시급시기
- 11 이자지급을 하지 않았을 때 지금 해야할 일
- 12 10년 후에 돌려드려도 될까요?
- 13 분명히 이자를 지급했는데 과세되는 이유(형제자매)
- 14 분명히 이자를 지급했는데 과세되는 이유(현금입출금)
- 15 이자지급액에 대한 원천징수
- 16 2천만원 이하의 이자가 종합소득세에 미치는 영향
- 17 차용증과 상속세의 관계
- 18 (차용증 작성사례) 1억원을 법정이자율로 차입하는 경우
- 19 (차용증 작성사례) 1억원을 무이자로 차입하는 경우
- 20 (차용증 작성사례) 5억원을 최소이자율로 차입하는 경우

01 자금조달계획서를 제출할 경우에만 차용증을 작성하나요?

질문

부모님께 자금을 빌려 주택을 구입하려 합니다. 해당 주택은 투기과열지구 및 조정대상지역에 소재하지 않고, 주택가격이 6억원을 넘지 않아 자금조달계획서 및 증빙제출 대상이 아닙니다. 이 경우에는 차용증을 작성할 필요가 없죠?

키워드

#증여세 조사 대비

답변

- 주택을 구입하면 부동산 등기부등본을 통해 소유자, 거래금액 등 관련 거래내용을 관계기관이 파악할 수 있습니다.
- 또한 국세청은 주택을 구입한 자에 대한 재산과 소득, 소비 분석을 통해 주택구입에 들어간 자금 중 적정 자기자금을 추정할 수 있습니다. 그 후 주택구입 자금총액과 매수자의 자기자금과의 차이내역에 대해서 금융기관대출 혹은 증여세 신고여부에 대해 추가적으로 확인할 수도 있습니다.
- 그렇기에 당장에는 차용증을 제출하는 대상이 아니더라도, 자금 실질에 맞게 차용증을 작성하고 원리금 상환을 해나가야 증여세 과세위험을 낮출 수 있습니다.

02 차용증 관리를 못하면 세금폭탄을 맞을 수도?

질문

5억원의 주택을 구입하며, 부모님께 3억원을 빌려 자금을 마련했습니다. 자금조달 증빙 제출대상이 아니라서 차용증을 작성하지도 않았고, 원리금을 상환하지도 않았습니다. 주택구입 후 몇 달이 지났는데도 별다른 연락이 없으면 괜찮겠죠?

키워드

#증여세, #가산세

답변

- 주택을 구입하는 당시에 관할 구청의 모니터링 대상이 아닌 경우에는 차용증에 대해 신경을 쓰지않는 경우가 많습니다.
- 그러나 가족 간 자금이 오간 경우에는 연령 및 소득수준에 따라 국세청의 사후검증 대상이 될 가능성이 있습니다.
- 해당 차입금에 대해 관리를 하지 않고 있다가 증여세 세무조사가 나왔을 때 조사대응을 원활히 하지 못한다면 증여세 본세 뿐만 아니라 가산세까지 부담할 위험이 있습니다.

Q 부모님께 3억원을 빌리면 세금이 얼마인가요?
A 증여자금이 아닌 차입금이라면 당장의 증여세는 나오지 않습니다.

Q 3억원의 차입금에 대해 관리를 못했다면 세금이 얼마나 나오나요?
A 부모님께 3억원을 처음 증여받은 경우에는 증여세만 4천만원 부과되며, 무신고가산세 및 납부지연가산세도 부담해야합니다.

구 분	금액
증여재산(A)	3억원
증여공제(B)	5천만원
과세표준(C=A-B)	2억5천만원

⬇

증여세	4천만원

03 차용증을 세무서에 언제까지 신고해야 하나요?

질문

투기과열지구에 있는 주택을 구입하며 관련 자금조달증빙으로 부동산중개사무실에 차용증도 제출했습니다. 세무서에는 차용증을 언제까지 신고해야 하나요?

키워드

#차용증, #신고 아닌 관리

답변

- 투기과열지구 소재 주택을 구입할 때에 부모님께 빌린 자금이 있다면, 해당 차용증을 자금조달계획서와 함께 구청에 제출해야 합니다.
- 이때 정당한 차입금이라면 증여세가 나오지 않기 때문에 별도로 세무서에 신고하지는 않습니다.
- 다만, 차용증은 세무서에 신고하는 항목은 아니지만 추후 사후관리 대상이 될 수 있기에 원리금에 대해서는 철저한 관리가 필요합니다.

04 차용증 작성방법

질문

부모님께 빌린 자금에 대한 증여세 위험을 줄이기 위해 차용증을 작성하려 합니다. 차용증에는 어떤 내용을 기재해야 하나요?

키워드

#원금, #이자율, #이자지급시기, #만기

답변

- 부모님께 빌린 자금에 대해 차용증을 작성했다고 하더라도 기본적인 내용이 기재되지 않았다면 세무서가 차용증을 인정하지 않는 경우도 있습니다. 대여자와 빌린 자, 금액정도만 단순히 기재한 차용증의 경우에는 증여세 조사대응에 어려움을 겪을 수도 있습니다.
- 국세청에서 정한 차용증 양식은 없지만, 최소한 기본적으로 기재해야 할 항목은 있습니다.
- 원금(빌린 금액), 이자율 및 이자지급시기, 그리고 원금 상환시기 등에 대해서는 기본적으로 차용증에 기재하고, 그에 맞게 금융증빙을 확보해놓는 것이 중요합니다.

05 차용증 공증보다 중요한 것

상황

차입금을 잘못 관리하면 나중에 증여세 폭탄을 맞는다고 해서요. 차용증에 대해 공증을 받아놓으면 차입금에 대해 신경쓰지 않아도 되겠죠?

키워드

#공증은 형식

답변

- 공증은 차입사실을 공적으로 증명하는 행위로 가족 간 자금거래에 대한 형식증빙을 보완합니다. 공증으로 뒷받침된 진실은 추정에 의한 진실로 다른 실질증빙이 없다면 효력이 없어질 수 있습니다.
- 이에 따라 증여세 조사대비를 위해서는 형식증빙보다는 실질 금융증빙관리를 우선시 하는 것이 좋습니다.
- 참고로 공증에는 적지않은 수수료가 들어가니, 공증 외에 우체국에서 내용증명을 발송하거나 혹은 등기소에서 확정일자를 받는 등 다른 방법으로 보완할 수도 있습니다.

06 공증보다 저렴한
내용증명 보내는 방법

상황
공증보다는 가성비 좋은 내용증명으로 차입금에 대한 증빙을 보완하려고 합니다. 내용증명은 어떻게 보내나요?

키워드
#우체국

답변

(차입계약서 작성)
- 차입금, 이자율, 이자지급시기 및 원금상환시기 등을 기재한 차입계약서를 작성합니다.

(내용증명서 작성)
- 내용증명서는 특별히 정해진 양식은 없습니다.
- 육하원칙에 맞춰 차입사실을 작성을 하면 됩니다.

(내용증명서 발송)
- 동일한 내용증명서 3부를 준비하여 우체국으로 갑니다.
- 그리고 내용증명서의 뒷 장에 차입계약서를 첨부합니다.
- 한 부는 수신인에게 등기우편으로 발송하고, 발신인이 한 부를 보관하고, 나머지 한 부는 우체국에서 보관합니다.

> 참고

(내용증명서 예시)

차입금에 대한 내용증명서

수신인: 자 녀(주민등록번호)
주소:

발신인: 부모님(주민등록번호)
주소:

제목: 주택구입자금으로 빌려준 3억원에 대한 내용증명서

1. 본인은 2023.1.1.일에 자녀가 주택을 구입하는데 부족한 자금 3억원을 아래와 같이 빌려주었습니다.
   가. 금액: 3억원
   나. 이자율 : 4.6%
   다. 이자지급시기: 매월 1일
   라. 원금상환: 만기 일시상환

2. 본인은 이 금액을 자녀에게 증여해줄 목적이 없음을 밝히며, 계약만료일에 차입금을 상환받기로 하였습니다.

3. 다만, 계약만료일에 상호 구두 혹은 서면합의를 통해 차입계약을 갱신할 수도 있습니다.

첨부 : 금전소비대차계약서 사본 1부.

2023. 1. 1
부 모 님

07 가족 간 자금거래시 꼭 확인해야 할 법정 기준이자율

질문

가족 간에 자금을 빌려주는 경우에 증여세법에서 정한 이자율은 얼마인가요?

키워드

#4.6%

답변

- 증여세법에는 가족 간 자금거래시 증여위험이 없는 적정이자율이라는 표현이 나옵니다.
- 적정이자율을 고려하지 않고 이자를 과소지급하거나 혹은 지급하지 않는 경우에는 자금을 대출받은 자에게 증여세가 부과될 수도 있습니다.
- 여기에서 말하는 가족 간 금전거래시의 적정이자율은 4.6%입니다.

> 참고

상증세법 제41조의 4【금전 무상대출 등에 따른 이익의 증여】
① 타인으로부터 금전을 무상으로 또는 적정 이자율보다 낮은 이자율로 대출받은 경우에는 그 금전을 대출받은 날에 다음 각 호의 구분에 따른 금액을 그 금전을 대출받은 자의 증여재산가액으로 한다. 다만, 다음 각 호의 구분에 따른 금액이 대통령령으로 정하는 기준금액 미만인 경우는 제외한다.

↓

상증령 제31조의 4【금전 무상대출 등에 따른 이익의 계산방법 등】
① 법 제41조의 4 제1항 각 호 외의 부분 본문에서 "적정 이자율"이란 당좌대출이자율을 고려하여 기획재정부령으로 정하는 이자율을 말한다. 다만, 법인으로부터 대출받은 경우에는 「법인세법 시행령」 제89조 제3항에 따른 이자율을 적정 이자율로 본다.

↓

상증규칙 제10조의 5【금전 무상대출 등에 따른 이익의 계산시 적정이자율】
영 제31조의 4 제1항 본문에서 "기획재정부령으로 정하는 이자율"이란 「법인세법 시행규칙」 제43조 제2항에 따른 이자율을 말한다.

↓

법인세법 시행규칙 제43조【가중평균차입이자율의 계산방법 등】
② 영 제89조 제3항 각 호 외의 부분 단서에서 "기획재정부령으로 정하는 당좌대출이자율"이란 연간 1,000분의 46을 말한다

↓

4.6%

08 반드시 법정이자율을 지급해야 하나요?

질문
가족 간의 자금대여 거래에서 꼭 4.6%의 이자를 지급해야 하나요?
4.6% 보다 낮은 이자율로 빌릴 수는 없나요?

키워드
#연간 이자차액 천만원

답변
- 가족 간 자금대여 거래에서 적정이자율은 4.6%입니다. 이에 따라 자금대여 금액에 연 4.6%의 이자율을 적용하면 연간 적정이자가 산출됩니다.
- 하지만 증여세법에서는 연간 적정이자금액보다 실제 이자를 적게 줄 수 있는 범위(연간 1천만원)를 설정하고 있습니다.
- 즉, 적정이자에서 연간 1천만원의 이자를 적게 주는 방향으로 이자율을 설정해도 가족 간 금전거래에 대해 증여세가 과세될 위험은 낮아질 수 있습니다.

참고
상증세법시행령 제31조의 4 【금전 무상대출 등에 따른 이익의 계산방법 등】
② 법 제41조의 4 제1항 각 호 외의 부분 단서에서 "대통령령으로 정하는 기준금액"이란 <u>1천만원</u>을 말한다.

Q 부모님께 5억원을 빌리면 이자율을 얼마나 낮게 할 수 있을까요?

A 법정이자율은 4.6%지만, 연간지급이자를 1천만원 낮출 수 있는 규정을 활용하면, 5억원의 차입금에 대해서는 2.62%의 이자율로 설정할 수도 있습니다.

Q 5억원이 아니라 3억원을 빌릴 때 최소이자율은 얼마인가요?

A 3억원의 차입금에 대한 최소이자율은 1.3%입니다.

차입금	법정이자율	이자차액	최소이자율
2억원			—
2.2억원		1천만원 미만	0.10%
3억원	4.6%	(9,900,000원으로	1.30%
4억원		설정)	2.13%
5억원			2.62%

09 무이자도 가능하다고?

질문

이자를 최소한으로 주는 것이 아니라, 아예 지급하지 않을 수도 있나요?

키워드

#2억 1천 7백만원

답변

- 가족 간 자금거래에서 발생하는 이자는 연간 1천만원 범위에서 적정이자보다 적게 지급할 수도 있습니다.
- 만약 관련 차입금이 일정금액 이하라면 적정이자 자체가 1천만원이 되지 않기에 이자를 지급하지 않아도 될 수 있습니다. 여기에 해당하는 차입금은 2억 1천 7백만원입니다.
- 물론 무이자로 빌릴 수 있는 차입금 금액인 경우에도 세무조사에 대비하여 일부러 약간의 이자를 지급하는 등의 차입증빙 준비는 필요합니다.

Q 무이자가 가능한 차입금 2.17억원은 어떻게 산출된 것이죠?

A 해당 차입금에 대한 적정이자와 실제 지급이자와의 차액이 천만원 범위를 넘지 않도록 설정한 금액입니다.

---

① 차입금액 확인
- 주택구입자금으로 아버지에게 2.17억원을 빌렸습니다.

② 적정이자 확인
- 2.17억원 × 4.6% = 9,982,000원
- 2.17억원을 빌리면 적정 연간이자는 9,982,000원입니다.

③ 무이자가능여부 확인
- 9,982,000원 < (이자차액 조정) 1천만원
- 연간 적정이자에서 1천만원을 조정하여 더 낮게 이자를 지급해도 됩니다.
- 이 경우 연간 적정이자가 1천만원보다 작아 계산상 무이자로 차입해도 이자차액에 대한 증여위험은 없습니다.

④ 검증
- 적정이자 = 2.17억원 × 4.6% = 9,982,000원
- 무이자 = 2.17억원 × 0% = 0
- 이자차액 = 적정이자 − 무이자 = 9,982,000원

2.17억원은 무이자가능

10 이자의 지급시기

질문

이자는 언제 지급해야 하나요?
혹시 매달 지급하지 않으면 문제가 생길까요?

키워드

#약정시기

답변

- 부모님께 빌린 자금에 대해 이자를 지급하는 경우, 이자지급시기는 빌려가는 자녀의 자금사정에 맞춰 정할 수 있습니다.
- 직장을 다니는 자녀는 월급일에 맞춰 매월 이자를 지급한다고 할 수 있습니다. 혹은 사업을 하는 자녀는 사업자금 수입 및 지출 일정에 맞춰 분기별로 이자를 지급할 수도 있습니다.
- 차용증에 기재한 이자지급 약정시기에 맞춰 실제 이자를 정확히 이체하여 기록을 남기는 것은 증여세 세무조사 대응에서 중요한 증빙 중 하나입니다.

Q 차용증을 작성하기 전에 자녀가 이자를 지급할 수 있는 시기를 먼저 확인해야겠네요?

A 이자율과 이자지급시기는 차용증에 기재해야 할 필수항목이기에 사전 확인이 필요합니다. 형식적인 이자지급시기가 아닌 실제 이자를 지급할 수 있는 시기를 차용증에 기재하는 것이 차입금 관리 측면에서 좋습니다.

Q 차용증상의 이자지급일과 실제 이자지급일이 다르면 어떻게 될까요?

A 한두 번의 이자지급시기 차이는 문제가 되지 않습니다. 하지만 지속적인 시기차이가 보이면서, 해당 이자금액도 정확한 이자금액과 차이까지 있다면 문제가 될 수 있습니다. 즉, 과세관청은 해당 금액이 이자가 아닐 수도 있다는 문제제기를 통해 차입금에 대해 증여세를 부과하려 할 수도 있습니다.

11 이자지급을 하지 않았을 때 지금 해야할 일

질문

주택을 구입하며 부모님께 자금을 빌렸습니다.
주택을 구입한 후 차입금에 대해 신경을 쓰지않아 이자 지급하는 것을 깜빡했습니다. 6개월 지났는데 지금부터 이자를 지급해도 될까요?

키워드

#정산지급

답변

- 가족 간 차입금에 대한 지급이자는 차용증상 기재된 조건에 맞춰 이체하는 것이 세무조사 대응측면에서 좋습니다.
- 주택 구입 당시에는 차용증을 작성하고 관리하는 일에 대해 생각을 하다가, 주택 등기 완료 후에는 차입금의 존재에 대해 잠시 신경을 쓰지 못하는 경우도 있습니다.
- 너무 늦기 전에 차입금에 대해 생각이 났다면, 즉시 그동안 미지급된 이자에 대해 정산하여 지급합니다. 당연히 정산시점 이후의 이자는 늦지않게 정확히 이체해야 합니다.
- 만약 세무조사가 시작된 후에서야 이자를 정산하고, 지급하기 시작한다면, 해당 정산금액은 정당한 이자로 인정받기 어려울 수 있습니다.

Q 미지급된 이자가 얼마인지 확인하여 잘 지급하면 되겠죠?

A 그동안 미지급된 이자를 이체하는 것은 기본적으로 해야 합니다. 이때 통장이체시 적요에 "미지급이자 정산"이라고 기재합니다. 또한 가족 간 차입거래에 대한 증빙은 많을수록 좋기에 별도 서류를 준비할 수도 있습니다. 이미 정산금액을 이체하여 금융증빙이 있지만, 이자정산확인서를 작성하여 형식증빙을 보완하는 것도 좋습니다.

Q 이자정산 확인서는 어떻게 생겼나요?

A 별도로 정해진 양식은 없습니다. 그동안의 미지급이자에 대해 상호 확인할 수 있는 형식이면 됩니다.

차입금에 대한 내용증명서

1. 상환자: 자녀
2. 주민등록번호: 7***** – *******
3. 주소:
4. 상환내용

구분	내용
차입금액	300,000,000 원
차입일자	2023. 1. 1.
이자율	4.6%
미지급이자 정산액	6,900,000 원 (1,150,000원 × 6개월)
정산일자	2023. 7. 1.

5. 입금계좌 :   은행, 계좌번호   (예금주: 아버지)

상기와 같이 미지급이자를 정산하여 지급완료하였음을 확인합니다.

2023. 7. 1.

확 인 자 : 아버지 (인)
주민등록번호 :
주 소 :

12. 10년 후에 돌려드려도 될까요?

질문

주택을 구입하며 아버지에게 3억원을 빌렸습니다.
지금의 연봉 수준에서는 단기간에 차입금을 갚는 것은 불가능합니다.
혹시 차용증 만기를 10년으로 해도 될까요?

키워드

#갱신

답변

- 차입금을 모두 갚는 것은 10년 뒤로 예상되지만, 차용증을 작성할 때에는 1년 만기로 작성할 수 있습니다.
- 물론 1년 뒤에 다 갚지는 못하지만, 그 시점에 원금일부를 상환한 후 남아있는 차입금 잔액에 맞춰 차용증을 갱신합니다. 차용증을 갱신하며 우체국에서 내용증명서를 발송해도 좋습니다.
- 다시 1년이 지난 뒤에 여전히 차입금을 전액 상환하지는 못하지만, 그 시점에도 원금일부를 상환한 후 남아있는 차입금 잔액에 맞춰 차용증을 갱신할 수 있습니다.
- 결국 10년 뒤에 해당 차입금을 모두 갚는 상황이지만, 차용증 만기는 1년으로 하고 갱신을 통해 관리할 수도 있습니다.

13 분명히 이자를 지급했는데 과세되는 이유(형제자매)

질문

주택을 구입하며 형에게 3억원을 빌렸습니다.
차용증도 잘 작성했고, 이자도 잘 지급하고 있습니다.
그런데 왜 세무서에서 연락이 왔을까요?

키워드

#형제자매의 자금능력

답변

- 자금을 빌리는 사람은 본인의 자금으로 이자와 원금을 상환해나갈 수 있는 경제적 능력이 있어야 합니다.
- 빌리는 사람 뿐만 아니라 자금을 빌려주는 사람도 그동안의 재산, 소득 등에 비추어 빌려줄 수 있는 경제적 능력이 있어야합니다.
- 부모님의 자금을 다른 가족 명의의 통장을 통해 자녀에게 지원하는 경우, 해당 통장명의자의 재산, 소득능력이 없다면 과세관청이 우회증여로 볼 가능성이 있습니다.

14 분명히 이자를 지급했는데 과세되는 이유 (현금입출금)

질문

주택을 구입하며 부모님께 3억원을 빌렸습니다.
차용증도 잘 작성했고, 이자도 정확하게 지급하고 있습니다.
자금을 빌려준 사람은 그만한 경제적 능력도 있습니다.
그런데 왜 세무서에서 연락이 올까요?

키워드

#현금입출금

답변

- 기본적으로 자금을 빌리는 자녀는 경제적 여유가 많지 않은 상황입니다.
- 증여세 위험을 줄이기 위해 이자금액을 정확하게 계좌이체하고 있지만, 사회생활 초창기의 자녀가 안쓰러운 부모님은 받은 이자를 현금출금하여 자녀에게 주는 경우도 있습니다.
- 이때 현금을 받은 자녀가 그대로 다시 본인의 통장에 입금하는 행위는 세무서가 증여세를 과세하는데 유리한 증빙을 만들어 주는 것입니다.
- 혹시 이자를 지급받는 부모님의 통장 관련 카드를 자녀가 사용하는 경우도 있지만, 이 역시 사용처, 위치 등의 정보를 세무서가 파악할 수 있음에 유의해야 합니다.

15 이자지급액에 대한 원천징수

상황
주택을 구입하며 아버지에게 3억원을 최소이자율 1.3%로 빌렸습니다.
이자를 이체할 때 꼭 원천징수를 해야하나요?

키워드
#27.5%

답변
- 금융기관이 아닌 아버지께서 받는 이자는 소득세법상 비영업대금의 이익에 해당합니다.
- 비영업대금의 이익이란 금전의 대여를 사업목적으로 하지 않는 자가 일시적으로 자금을 대여하고 받는 이자를 말합니다.
- 이런 비영업대금의 이익에 대해서는 25%의 소득세를 원천징수해야 하며, 지방소득세까지 고려하면 총 27.5%의 세금을 원천징수해야 합니다.

참고

소득세법 제129조(원천징수세율)
① 원천징수의무자가 제127조 제1항 각 호에 따른 소득을 지급하여 소득세를 원천징수할 때 적용하는 세율(이하 "원천징수세율"이라 한다)은 다음 각 호의 구분에 따른다.
나. 비영업대금의 이익에 대해서는 100분의 25.

Q. 이자이체금액에 대해 원천징수를 해야 하나요?

A. 비영업대금의 이익에 대해서도 원천징수를 하는 것이 원칙입니다.

Q. 최소이자율로 빌려서 이자금액이 작은데도 원천징수를 꼭 해야 하나요?"

A. 가족 간 차입금이 있을 때 이자를 이체하는 것이 첫 번째입니다. 이자이체 내역이 있으면 세무서가 차입금을 부인할 확률이 낮아지기 때문입니다. 그리고 나서 원천징수 실행여부를 고민해볼 수 있습니다. 만약 원천징수를 하지 않아 세무서가 관련 문제를 제기했다고 해도, 차입금 자체를 부인하는 것보다는 작은 이슈일 수 있습니다.

16. 2천만원 이하의 이자가 종합소득세에 미치는 영향

상황

주택을 구입하며 아버지에게 3억원을 최소이자율 1.3%로 빌렸습니다.
연간 이자금액은 390만원으로 2천만원이 되지 않습니다.
종합소득세를 걱정할 필요는 없죠?

키워드

#원천징수

답변

- 금융소득이 2천만원을 초과하는 경우에는 금융소득을 포함하여 종합소득세 신고를 해야합니다.
- 단, 2천만원 미만의 금융소득이라면 종합소득과 별도의 분리과세가 적용됩니다.
- 하지만 2천만원 미만의 금융소득이라도 원천징수를 하지 않았다면 종합소득세를 계산할 때 합산하는 것이 원칙입니다.

참고

소득세법 제14조(과세표준의 계산)
6. 제3호부터 제5호까지의 규정 외의 이자소득과 배당소득(제17조제1항제8호에 따른 배당소득은 제외한다)으로서 그 소득의 합계액이 2천만원 이하이면서 제127조에 따라 원천징수된 소득

17 차용증과 상속세의 관계

상황

주택구입자금이 부족해서 아버지께 3억원을 빌렸습니다.
이자도 정확하게 이체할 예정이라 세금 걱정은 안 해도 되겠죠?

키워드

#상속재산

답변

- 아버지께 빌린 자금에 대해 원리금 이체내역을 잘 관리하면 당장에는 증여세가 나오지 않습니다.
- 하지만 나중에 상속이 개시되었을 때 해당 대여금은 피상속인(아버지)의 상속재산에 해당합니다.
- 상속개시 당시에 파악된 예금, 부동산 등의 상속재산 뿐만 아니라 3억원의 차입금 중 남아있는 잔액도 상속재산에 가산되어 상속세를 부담해야 합니다.

Q 차입금 외에 상속 당시에 시가 10억원의 아파트가 있다면 상속재산은 얼마인가요?"

A 남아있는 차입금 잔액과 상속개시 당시의 아파트를 합산하여 상속재산을 구합니다. 차입금에 대해 이자만 지급하고 원금을 상환하지 않았다면 차입금 원금은 전액 상속재산에 포함됩니다.

상속재산	금액
아파트	10억원
대여금	3억원
합계	13억원

Q 상속재산이 13억원인 경우 상속세는 얼마나 나올까요?

A 피상속인에게 배우자와 자녀가 있어 10억원의 상속공제가 적용된다면, 5천만원의 상속세 산출세액이 나옵니다.

구 분	금액	비고
상속재산(A)	13억원	아파트 10억원 대여금 3억원
상속공제(B)	10억원	일괄공제 5억원 배우자공제 5억원
과세표준(C=A－B)	3억원	
산출세액	0.5억원	

18. (차용증 작성사례) 1억원을 법정이자율로 차입하는 경우

표로 보는 차입상황

구분	내용
차입금액	• 1억원
차입일	• 2023.1.1
용도	• 주택구입
대여인	• 부모님
차용인	• 자녀
이자율	• 법정이자율(4.6%)
이자지급일	• 매월 1일
만기	• 1년 (갱신조건 기재)

차용증 샘플

금전소비대차계약서

대여인 부모님을 「갑」이라 하고, 차용인 자녀를 「을」로 하여 「갑」과 「을」 간에 다음과 같이 금전소비대차계약을 체결한다.

제1조 (금전소비대차) 「갑」은 「을」에게 금 100,00,000 원을 대여하고, 「을」은 이를 차용한다.

제2조 (변제기한) 「을」의 「갑」에 대한 위 차용금의 변제기한은 계약일로부터 1년이 되는 날로 한다. 다만, 계약만료일 전에 상호합의하는 경우 동일한 조건으로 갱신된 것으로 본다.

제3조 (이자지급) 차용금에 대한 이자는 연 4.6%로 하며, 매월 1일에 지급한다.

제4조 (원금상환) 차용금 원금은 계약만료일에 전액 일시 상환한다.

제5조 (변제방법) 「을」의 「갑」에 대한 변제는 「갑」의 주소지에 지참변제하거나 「갑」이 지정하는 계좌로 입금한다.

제6조 (기한의 이익 상실) 「을」이 변제일 까지의 사이에 다음 각호에 해당하게 될 경우에는 기한의 이익이 상실되는 것으로 하여 「갑」은 어떠한 최고절차도 거칠 필요 없이 즉시 원금 및 위약금을 청구할 수 있다.
  1. 이자지급을 3회 초과하여 지체할 경우
  2. 「을」의 부도 또는 파산시
  3. 기타 위 호와 유사한 경우

제7조 (기타) 상기 채무에 관한 분쟁의 재판관할은 채권자의 주소지를 관할하는 법원으로 정한다.

본 계약의 성립을 증명하기 위하여 본 증서 2통을 작성하고 각자 서명 날인한 후 1통씩 보관한다.

첨부: 인감증명서(1개월 이내)

계약일: 2023 년 1월 1일

대여인 　「갑」 성 명 : 　부모님　 (인)
　　　　주민등록번호 :
　　　　주 소 :

차용인 　「을」 성 명 : 　자녀　 (인)
　　　　주민등록번호 :
　　　　주 소 :

19 (차용증 작성사례) 1억원을 무이자로 차입하는 경우

표로 보는 차입상황

구분	내용
차입금액	• 1억원
차입일	• 2023.1.1
용도	• 주택구입
대여인	• 부모님
차용인	• 자녀
이자율	• 무이자
원금상환일	• 매월 1일
원금상환액	• 매월 40만원
만기	• 1년 (갱신조건 기재)

차용증 샘플

금전소비대차계약서

대여인 부모님을「갑」이라 하고, 차용인 자녀를「을」로 하여 「갑」과「을」 간에 다음과 같이 금전소비대차계약을 체결한다.

제1조 (금전소비대차) 「갑」은 「을」에게 금 100,00,000 원을 대여하고, 「을」은 이를 차용한다.

제2조 (변제기한) 「을」의 「갑」에 대한 위 차용금의 변제기한은 계약일로부터 1년이 되는 날로 한다. 다만, 계약만료일 전에 상호합의하는 경우 동일한 조건으로 갱신된 것으로 본다.

제3조 (원금상환) 차용금 원금은 매월 1일에 40만원씩 상환하기로 하며, 계약만료일에 남아있는 차입금 잔액은 일시 상환한다.

제4조 (변제방법) 「을」의 「갑」에 대한 변제는 「갑」의 주소지에 지참변제하거나 「갑」이 지정하는 계좌로 입금한다.

제5조 (기한의 이익 상실) 「을」이 변제일 까지의 사이에 다음 각호에 해당하게 될 경우에는 기한의 이익이 상실되는 것으로 하여 「갑」은 어떠한 최고절차도 거칠 필요 없이 즉시 원금 및 위약금을 청구할 수 있다.
  1. 원금지급을 3회 초과하여 지체할 경우
  2. 「을」의 부도 또는 파산시
  3. 기타 위 호와 유사한 경우

제6조 (기타) 상기 채무에 관한 분쟁의 재판관할은 채권자의 주소지를 관할하는 법원으로 정한다.

본 계약의 성립을 증명하기 위하여 본 증서 2통을 작성하고 각자 서명 날인한 후 1통씩 보관한다.

첨부: 인감증명서(1개월 이내)

계약일: 2023 년 1월 1일

대여인   「갑」 성 명 :   부모님   (인)
          주민등록번호 :
          주 소 :

차용인   「을」 성 명 :   자 녀   (인)
          주민등록번호 :
          주 소 :

상환 스케줄표

차입금 상환스케줄

구분	상환금(원)	차입금(원)	비고
차입개시		100,000,000	차입금
+1개월	400,000	99,600,000	월 상환금
+2개월	400,000	99,200,000	월 상환금
+3개월	400,000	98,800,000	월 상환금
+4개월	400,000	98,400,000	월 상환금
+5개월	400,000	98,000,000	월 상환금
+6개월	400,000	97,600,000	월 상환금
+7개월	400,000	97,200,000	월 상환금
+8개월	400,000	96,800,000	월 상환금
+9개월	400,000	96,400,000	월 상환금
+10개월	400,000	96,000,000	월 상환금
+11개월	400,000	95,600,000	월 상환금
+12개월	400,000	95,200,000	만기시 차입잔액

* 차입금잔액은 만기 일시상환, 단 계약 만료일 전 협의하는 경우 동일조건으로 갱신하기로 함.

20 (차용증 작성사례) 5억원을 최소이자율로 차입하는 경우

표로 보는 차입상황

구분	내용
차입금액	• 5억원
차입일	• 2023.1.1
용도	• 주택구입
대여인	• 부모님
차용인	• 자녀
이자율	• 최소이자율(2.62%)
이자지급일	• 매월 1일
만기	• 1년 (갱신조건 기재)

차용증 샘플

금전소비대차계약서

대여인 부모님을「갑」이라 하고, 차용인 자녀를「을」로 하여 「갑」과 「을」 간에 다음과 같이 금전소비대차계약을 체결한다.

제1조 (금전소비대차) 「갑」은 「을」에게 금 500,00,000 원을 대여하고, 「을」은 이를 차용한다.

제2조 (변제기한) 「을」의 「갑」에 대한 위 차용금의 변제기한은 계약일로부터 1년이 되는 날로 한다. 다만, 계약만료일 전에 상호합의하는 경우 동일한 조건으로 갱신된 것으로 본다.

제3조 (이자지급) 차용금에 대한 이자는 연 2.62%로 하며, 매월 1일에 지급한다.

제4조 (원금상환) 차용금 원금은 계약만료일에 전액 일시 상환한다.

제5조 (변제방법) 「을」의 「갑」에 대한 변제는 「갑」의 주소지에 지참변제하거나 「갑」이 지정하는 계좌로 입금한다.

제6조 (기한의 이익 상실) 「을」이 변제일 까지의 사이에 다음 각호에 해당하게 될 경우에는 기한의 이익이 상실되는 것으로 하여 「갑」은 어떠한 최고절차도 거칠 필요 없이 즉시 원금 및 위약금을 청구할 수 있다.
 1. 이자지급을 3회 초과하여 지체할 경우
 2. 「을」의 부도 또는 파산시
 3. 기타 위 호와 유사한 경우

제7조 (기타) 상기 채무에 관한 분쟁의 재판관할은 채권자의 주소지를 관할하는 법원으로 정한다.

본 계약의 성립을 증명하기 위하여 본 증서 2통을 작성하고 각자 서명 날인한 후 1통씩 보관한다.

첨부: 인감증명서(1개월 이내)

계약일: 2023 년 1월 1일

대여인   「갑」 성 명 :   부모님   (인)
         주민등록번호 :
         주 소 :

차용인   「을」 성 명 :   자 녀   (인)
         주민등록번호 :
         주 소 :

2023년 부동산 세금 상식백과

PART 04

양도세편

- 01 부동산도 아닌데 왜 양도세 신고를?
- 02 정확한 부동산 취득일과 양도일
- 03 양도세는 어떻게 계산하나요?
- 04 양도세를 줄일 수 있는 지출증빙이 있다?
- 05 이자지급액은 양도세를 줄일 수 있을까?
- 06 양도세는 언제까지 신고하고 납부해야하나요?
- 07 양도세를 다시 신고해야 하는 경우
- 08 중요한 1세대의 기준
- 09 1주택을 얼마나 보유해야 비과세 받을 수 있나요?
- 10 비과세되는 1주택에 세금이 나오는 이유
- 11 고가 1주택과 장기보유특별공제율
- 12 주택 양도세율
- 13 주택 양도차익이 5억원이면, 양도세는 얼마인가요?
- 14 저가주택을 양도해도 중과되나요?
- 15 상속주택이 있을 때 비과세 받는 방법
- 16 주택의 지분만 상속받은 경우의 주의사항
- 17 다가구주택의 1세대 1주택 비과세방법
- 18 부부 공동명의 주택은 양도세가 얼마나 줄어들까?
- 19 상속과 다른 혼인으로 인한 2주택
- 20 상가를 매각해도 토지를 양도한 것, 토지는 얼마일까?
- 21 상가주택의 양도세 계산방법
- 22 상가 양도과정에서 발생한 명도비 활용법
- 23 토지의 양도세 계산은 주택과 다르다
- 24 얼마에 구입했는지 모르는 토지를 양도한다면?
- 25 비사업용토지를 양도할 때 불리한 점은?
- 26 농지는 비사업용토지가 될 수 있다
- 27 1억원의 세금을 깍아주는 토지가 되려면?
- 28 반드시 알아야 할 상속받은 자경농지 양도기한

01 부동산도 아닌데 왜 양도세 신고를?

질문

부동산을 양도할 때 납부하는 세금이 양도세 맞죠?

키워드

#부동산, #부동산에 관한 권리

답변

- 양도소득세는 토지 및 건물을 양도할 때 발생하는 소득에 대한 세금입니다.
- 또한 토지, 건물의 부동산 뿐만 아니라 부동산에 관한 권리도 양도소득세 과세대상자산에 해당합니다. 여기에서 말하는 부동산에 관한 권리에는 분양권 등 부동산을 취득할 수 있는 권리, 지상권, 전세권 등이 있습니다.
- 부동산 및 부동산에 관한 권리는 양도세 과세대상이라는 점에서는 같지만, 적용되는 양도세율은 자산별로 상이합니다.

참고

소득세법 제94조【양도소득의 범위】
① 양도소득은 해당 과세기간에 발생한 다음 각 호의 소득으로 한다.
1. 토지 또는 건물의 양도로 발생하는 소득
2. 다음 각 목의 어느 하나에 해당하는 부동산에 관한 권리의 양도로 발생하는 소득

Q & A

Q 양도세에서 말하는 부동산에 관한 권리는 무엇인가요?
A 부동산에 관한 권리는 크게 이용권과 취득권으로 구분됩니다. 지상권, 전세권, 등기된 부동산임차권은 부동산을 이용할 수 있는 권리입니다. 이와 달리 조합원입주권, 분양권 등은 부동산을 취득할 수 있는 권리에 해당합니다.

Q 조합원입주권과 분양권의 정의는?
A 조합원입주권은 도시및주거환경정비법에 따른 관리처분계획인가 등으로 인해 취득한 입주자로 선정된 지위입니다. 그리고 분양권은 주택법 등에 따라 주택을 공급받는 자로 선정된 지위를 말합니다.

Q 주식을 팔았는데 부동산에 해당하는 누진세율(6~45%)이 적용될 수도 있나요?
A 일정 요건(*)에 해당하는 부동산을 과다보유한 법인의 주식을 양도하면, 주식이 아닌 기타자산의 양도로 보아 누진세율이 적용될 수도 있습니다.
 (*) 소득세법 제94조 제1항 제4호 기타자산

02 정확한 부동산 취득일과 양도일

질문

매매계약일 혹은 잔금일 중 언제를 부동산 취득일/양도일로 보는 것 일까요?

키워드

#대금청산일

답변

- 일반적인 양도상황에서는 대금청산일을 기준으로 부동산을 취득 및 양도한 것으로 보아 양도차익을 계산합니다.
- 다만, 대금청산일이 분명하지 않거나, 대금청산일 전에 소유권이전등기를 한 경우에는 소유권이전등기접수일에 해당 부동산을 취득 및 양도한 것으로 보고 있습니다.

참고

소득세법 제98조【양도 또는 취득의 시기】
자산의 양도차익을 계산할 때 그 취득시기 및 양도시기는 대금을 청산한 날이 분명하지 아니한 경우 등 대통령령으로 정하는 경우를 제외하고는 해당 자산의 대금을 청산한 날로 한다.

Q 잔금청산일과 매매계약서상 잔금지급약정일이 다른 경우에는?

A 매매계약서상의 잔금지급약정일보다 잔금을 빨리 받거나 늦게 받는 경우에는 실제로 잔금을 지급받은 날이 잔금청산일입니다.

Q 매매계약은 했지만, 양도시기를 늦추기 위해 소액의 잔금을 설정했습니다. 소액이지만 이런 경우에도 잔금으로 보겠죠?

A 거래대금의 전부를 지급한 날이 잔금청산일이 됩니다. 하지만 대금 전부를 지급하지 않았어도 사회통념상 대금이 거의 지급되었다고 볼 수 있다면, 그날도 대금청산일에 포함됩니다.

Q 아파트분양권은 언제 취득한 것으로 볼까요?

A 아파트분양권은 분양받을 수 있는 권리가 확정된 날인 당첨일이 취득시기가 됩니다. 타인으로부터 분양권을 인수받은 경우에는 잔금청산일이 취득시기가 됩니다.

Q 분양받은 아파트는 언제 취득한 것으로 볼까요?

A 분양받은 아파트는 잔금청산일이 취득시기가 되며, 그 전에 소유권이전등기를 했다면 소유권이전등기접수일이 취득시기가 됩니다. 다만, 잔금청산일까지 완성되지 않은 아파트의 경우, 해당 아파트의 완성일(일반적으로 임시사용승인일을 말함)이 취득시기가 됩니다.

03 양도세는 어떻게 계산하나요?

질문

부동산을 양도하면 세금을 어떻게 계산하나요?

답변

1. **양도차익 산정**
   - 매매계약서상의 양도금액과 취득금액을 확인합니다.
   - 또한 부동산 보유과정에서의 자본적지출액과 양도시 필요경비로 공제되는 항목을 반영하여 양도차익을 산정합니다.

2. **양도소득금액 확인**
   - 양도차익을 산정한 후, 일정 비율의 장기보유특별공제금액을 차감하면 양도소득금액이 나옵니다.
   - 부동산은 장기보유특별공제율에 따라 적용불가능한 자산, 최대 30% 공제율인 일반자산, 최대 80% 공제율인 1세대 1주택으로 구분할 수 있습니다.

3. **양도소득 과세표준 산출**
   - 양도소득금액에 기본공제 250만원을 차감하면 양도소득 과세표준이 산출됩니다. 기본공제는 부동산 및 부동산에 관한 권리 등 부동산으로 보는 자산에 대해 연 250만원을 공제합니다.

4. **양도세 산출세액**
- 과세표준에 자산별 양도세율(기본세율, 중과세율, 비과세 등)을 적용하면 양도세 산출세액이 나옵니다. 여기에 10% 추가되는 지방소득세도 고려해야 합니다.

양도세 계산과정

구분	항목	비고
양도차익 산정	양도가액(A)	
	필요경비(B)	
	양도차익(C)	(C=A−B)
↓		
양도소득금액	양도차익(C)	
	장기보유특별공제(D)	
	양도소득금액(E)	(E=C−D)
↓		
양도소득 과세표준	양도소득금액(E)	
	기본공제(F)	
	과세표준(G)	(G=E−F)
↓		
양도세 산출세액	과세표준(G)	
	양도세율(H)	
	산출세액(I)	(I=G×H)

04 양도세를 줄일 수 있는 지출증빙이 있다?

질문
필요경비로 반영되는 자본적지출액에는 어떤 항목이 있나요?

키워드
#보일러 vs 도배

답변
- 부동산을 보유하는 중에 자본적지출 혹은 수익적지출에 해당하는 비용이 발생할 수 있습니다.
- 자산의 가치를 증가시키기 위해 지출한 난방시설 교체비, 거실확장공사비 등은 자본적지출에 해당하며, 이는 양도세 계산과정에서 필요경비에 반영되어 그만큼 양도세 부담이 낮아집니다.
- 이와 달리 부동산 본래의 기능을 유지하기 위해 지출하는 벽지 교체비, 변기 공사비 등의 수익적지출은 양도세 필요경비에 반영되지 않습니다.

참고
소득세법시행령 제163조【양도자산의 필요경비】
③ 법 제97조 제1항 제2호에서 "자본적지출액 등으로서 대통령령으로 정하는 것"이란 다음 각 호의 어느 하나에 해당하는 것으로서...
3. 양도자산의 용도변경·개량 또는 이용편의를 위하여 지출한 비용(재해·노후화 등 부득이한 사유로 인하여 건물을 재건축한 경우 그 철거비용을 포함한다)

Q 보일러 관련 비용은 자본적 지출항목에 해당하죠?
A 보일러 설치비용은 자본적지출항목에 해당하지만, 보일러 수리비용은 수익적지출항목에 해당합니다.

Q 다른 자본적 지출항목에는 무엇이 있나요?
A 베란다 샷시비용, 홈오토 설치비용, 방범창 설치비용 등이 있습니다.

Q 다른 수익적 지출항목에는 무엇이 있나요?
A 씽크대 교체비용, 조명 교체비용, 장판 교체비용 등이 있습니다.

05 이자지급액은 양도세를 줄일 수 있을까?

질문

대출 이자비용은 필요경비로 공제받을 수 있나요?

키워드

#비용 아닌 이자비용

답변

- 자본적지출항목 외에 부동산의 보유과정에서 발생하는 중요한 항목 중의 하나는 금융기관 대출 이자비용입니다.
- 부동산을 취득하기 위해 실행한 금융기관대출과 관련된 이자비용이라도, 이는 소득세법에 열거된 필요경비가 아니기 때문에 공제를 받을 수 없습니다.
- 즉, 소득세법에 열거된 필요경비에 한해서만 비용으로 인정받아 양도세 부담이 줄어들 수 있는 것입니다.

참고

조심2021소6655, 2022.04.12
부동산의 취득을 위한 차입금에 대한 지급이자는 「소득세법」상 별도의 필요경비로 규정하고 있지 않으므로 금융기관 차입금에 대한 이자인 쟁점이자비용을 필요경비에 해당한다고 보기 어려운 점 등에 비추어 처분청이 쟁점비용을 쟁점토지의 양도와 관련된 필요경비에서 배제하고 양도소득세를 과세한 이 건 처분은 잘못이 없는 것으로 판단됨

Q 부동산 중개수수료는 양도비로 공제가능하죠?

A 부동산 중개수수료는 양도비로 공제가능합니다. 중개수수료 요율보다 많은 금액을 지급했더라도 실제 중개수수료로 지급했다면 필요경비로 반영할 수 있습니다. 단, 중개수수료 명목이 아닌 컨설팅비용으로 과다지급한 경우에는 양도비로 반영되지 않을 수 있습니다.

Q 부동산 중개수수료는 양도시 지출한 비용만 공제가능?

A 부동산 취득 및 양도 단계에서 지급한 중개수수료는 경비로 공제가능합니다.

Q 양도자가 퇴거하는 자에게 지출하는 명도비도 공제가능할까요?

A 매매계약의 특약사항을 이행하기 위해 부득이하게 지급하는 명도비용은 양도세 필요경비로 공제받을 수 있습니다.

Q 명도비용은 무조건 필요경비로 공제받을 수 있나요?

A 명도와 관련한 특약사항이 없고, 매매계약체결 당시 임대차기간이 이미 종료했다면, 명도비용은 부동산의 양도를 위해 지출한 비용에 해당하지 않을 수 있습니다.

06 양도세는 언제까지 신고하고 납부해야 하나요?

질문

부동산을 양도하면 언제까지 신고해야 하나요?
세금은 언제까지 납부해야 하죠?

키워드

#2개월 *vs* 3개월

답변

- 토지, 건물 및 부동산에 관한 권리를 양도한 경우에는 양도소득세 과세표준을 양도일이 속하는 달의 말일로부터 2개월 이내에 신고하고, 세액을 납부해야 합니다.
- 양도로 보는 부담부증여의 채무액 해당 부분은 그 양도일이 속하는 달의 말일로부터 3개월 이내에 신고해야 합니다.

참고

소득세법 제105조【양도소득과세표준 예정신고】
① 1. 제94조 제1항 제1호·제2호·제4호 및 제6호에 따른 자산을 양도한 경우에는 그 양도일이 속하는 달의 말일부터 2개월.
3. …부담부증여의 채무액에 해당하는 부분으로서 양도로 보는 경우에는 그 양도일이 속하는 달의 말일부터 3개월.

07 양도세를 다시 신고해야 하는 경우

질문
부동산을 양도하면 두 번 신고해야 하나요?

키워드
#다음연도 5월

답변
- 부동산을 양도하여 양도소득금액이 있는 거주자는 다음연도 5월 1일부터 5월 31일까지 양도소득 과세표준 확정신고를 해야합니다.
- 부동산 물건 하나를 양도하면서 양도세 예정신고를 했다면 추가적으로 확정신고를 하지 않아도 됩니다.
- 2개 이상의 부동산을 양도하면서 이미 신고한 양도소득금액과 합산하여 예정신고하지 않은 경우에는 다음연도 5월에 확정신고를 해야 합니다.

참고

소득세법시행령 제173조【양도소득과세표준 확정신고】
⑤ 1. 당해연도에 누진세율의 적용대상 자산에 대한 예정신고를 2회 이상 한 자가 법 제107조 제2항의 규정에 따라 이미 신고한 양도소득금액과 합산하여 신고하지 아니한 경우

Q. 부동산 양도세를 신고할 때 준비해야 할 서류는 무엇이 있나요?

A. 일반적인 부동산 양도의 경우 다음과 같은 증빙을 준비합니다.

구분	항목
취득단계	취득 계약서
	취득세 납부영수증
	법무사수수료 견적서 및 영수증
	매수시 중개수수료 영수증
보유단계	자본적지출액 영수증
처분단계	매도 계약서
	명도비 등 양도비용 영수증
	매도시 중개수수료 영수증

08 중요한 1세대의 기준

질문
1세대 1주택자는 양도세 비과세를 받을 수 있는데, 1세대의 범위는 어디까지 인가요?

키워드
#생계를 같이 하는 자

답변
- 1세대란 거주자 및 배우자가 그들과 같은 주소에서 생계를 같이 하는 자와 함께 구성하는 가족단위를 말합니다.
- 여기에서 말하는 배우자에는 법률상 이혼을 했지만 생계를 같이 하는 등 사실상 이혼한 것으로 보기 어려운 관계에 있는 자를 포함합니다.
- 거주자 및 배우자와 생계를 같이 하는 직계존비속은 당연히 1세대에 포함되며, 그 직계존비속의 배우자 역시 포함될 수 있습니다.

참고

소득세법 제88조【정의】
6. "1세대"란 거주자 및 그 배우자(법률상 이혼을 하였으나 생계를 같이 하는 등 사실상 이혼한 것으로 보기 어려운 관계에 있는 사람을 포함한다. 이하 이 호에서 같다)가 그들과 같은 주소 또는 거소에서 생계를 같이 하는 자와 함께 구성하는 가족단위를 말한다.

Q 거주자에게 배우자가 없으면 1세대로 볼 수 없나요?

A 일정 경우에는 배우자가 없어도 1세대로 보고 있습니다.
   1) 거주자의 나이가 30세 이상인 경우
   2) 거주자의 배우자가 사망하거나 이혼한 경우
   3) 기준 중위소득의 40% 이상으로서 소유하고 있는 주택 등을 관리하면서 독립된 생계를 유지할 수 있는 경우

Q 기준 중위소득은 얼마인가요?

A 2023년 1인가구의 중위소득은 2,077,892원입니다. 이 중위소득의 40%에 해당하는 금액인 831,156원 이상의 소득이 있어야 별도 세대로 볼 수 있습니다.

Q 기준 중위소득의 40%를 넘으면 무조건 별도세대로 볼 수 있나요?

A 미혼인 미성년자는 소득요건을 충족해도 별도 세대로 보지 않습니다.

Q 배우자가 근무상 형편으로 주소에서 일시 퇴거했으면?

A 근무상 혹은 사업상 형편 등 불가피한 사유로 주소에서 일시 퇴거한 자도 동일 세대로 보고 있습니다.

Q 부부가 가정불화로 별거하고 있다면?

A 가정불화로 별거 중이더라도 법률상 배우자는 동일세대로 보고 있습니다.

09 1주택을 얼마나 보유해야 비과세 받을 수 있나요?

질문

1세대 1주택자는 주택을 팔아도 세금이 없죠?

키워드

#2년

답변

- 1세대가 보유한 1주택을 양도할 때 해당 주택을 2년 이상 보유해야 양도세가 과세되지 않습니다.
- 만약 해당 주택을 취득할 때 조정대상지역이었다면, 보유기간 중 거주기간이 2년 이상이어야 비과세를 적용받을 수 있습니다.

참고

소득세법시행령 제154조【1세대 1주택의 범위】

① … 취득 당시에 「주택법」 제63조의 2 제1항 제1호에 따른 조정대상지역(이하 "조정대상지역"이라 한다)에 있는 주택의 경우에는 해당 주택의 보유기간이 2년(제8항 제2호에 해당하는 거주자의 주택인 경우에는 3년) 이상이고 그 보유기간 중 거주기간이 2년 이상인 것 …

Q 1세대 1주택을 양도하는데, 2년 미만 보유 후 양도하면?

A 단기보유 양도세율이 적용됩니다. 2년 미만 보유한 주택은 60%, 1년 미만 보유한 주택은 70%의 양도세율이 적용됩니다.

Q 주택을 취득할 당시에는 조정대상지역이었지만, 양도할 때에는 조정대상지역에서 해제되었다면?

A 취득 당시 조정대상지역에 위치한 주택이라면, 1세대 1주택 비과세를 위해 2년 거주요건을 충족해야합니다.

Q 다주택자의 경우에는 최종 1주택이 된 시점부터 보유기간 2년을 채워야 하나요?

A 21년부터 최종 1주택 개념이 적용되어, 다른 주택을 모두 양도하고 최종적으로 1주택만 남게 된 날부터 보유기간을 기산했었으나, 보유기간 재기산 제도가 22년 5월 10일 이후부터는 폐지되었습니다. 즉, 주택을 실제 보유 및 거주한 기간을 기준으로 기간을 계산하여 1세대 1주택 비과세를 적용할 수 있게 되었습니다.

10 비과세되는 1주택에 세금이 나오는 이유

질문
1세대 1주택자가 2년 보유(거주)요건을 만족했다면, 양도세는 없죠?

키워드
#고가주택, #12억원

답변
- 1세대가 보유한 1주택을 양도할 때 해당 주택을 2년 이상 보유(거주)했다면 양도세가 과세되지 않습니다.
- 그러나 1세대 1주택자로 비과세를 받는다고 해도 고가주택을 양도하는 경우에는 일정부분 양도세를 납부해야합니다. 여기에서 고가주택이란 취득가액 기준이 아닌, 양도가액을 기준으로 12억원을 초과하는 주택을 말합니다.

참고

소득세법 제89조【비과세 양도소득】
3. 다음 각 목의 어느 하나에 해당하는 주택(주택 및 이에 딸린 토지의 양도 당시 실지거래가액의 합계액이 12억원을 초과하는 고가주택은 제외한다)과 이에 딸린 토지로서 건물이 정착된 면적에 지역별로 대통령령으로 정하는 배율을 곱하여 산정한 면적 이내의 토지의 양도로 발생하는 소득

Q 고가주택 기준금액이 9억원 아니었나요?
A 양도세 고가주택기준은 9억원이었으나, 21년 12월 8일 이후 양도분부터는 12억원으로 기준금액이 상향되었습니다.

Q 12억원 기준금액은 취득당시 금액인가요?
A 고가주택에 해당하는지는 실제 양도가액으로 판단합니다.

Q 10억원에 취득한 주택을 20억원에 양도한다면, 기준금액 12억원을 초과하는 8억원의 양도차익에 대해서 세금을 계산하나요?
A 고가주택의 양도차익은 기준금액 초과분이 아닌 일정비율로 산정합니다.

1. 일반양도차익: 20억원 - 10억원 = 10억원
2. 고가주택비율: $0.4 = \left\{ \dfrac{양도가액20억원 - 기준금액12억원}{양도가액20억원} \right\}$
3. 고가주택 양도차익: 10억원 × 0.4 = 4억원

소득세법시행령 제160조 【고가주택에 대한 양도차익 등의 계산】

1. 고가주택에 해당하는 자산에 적용할 양도차익 (2022. 2. 15 개정)

법 제95조 제1항에 따른 양도차익 × $\dfrac{양도가액 - 12억원}{양도가액}$

---

11 고가 1주택과 장기보유특별공제율

질문

1세대 1주택자의 장기보유특별공제율은?

키워드

#보유 40%, #거주 40%

답변

- 일반적인 부동산의 경우에 15년 보유했을 때 최대 30%의 장기보유특별공제율이 적용됩니다.
- 이와 달리 1주택자의 장기보유특별공제는 최대 80%의 공제율이 적용됩니다. 80% 공제율은 10년 보유했을 때의 40% 공제율과 10년 거주했을 때의 40% 공제율의 합산공제율입니다.

참고

소득세법 제95조【양도소득금액】
① 양도소득금액은 제94조에 따른 양도소득의 총수입금액(이하 "양도가액"이라 한다)에서 제97조에 따른 필요경비를 공제하고, 그 금액(이하 "양도차익"이라 한다)에서 장기보유 특별공제액을 공제한 금액으로 한다.

<표1> 장기보유특별공제율

보유기간	공제율
3년 이상 4년 미만	6%
4년 이상 5년 미만	8%
5년 이상 6년 미만	10%
6년 이상 7년 미만	12%
7년 이상 8년 미만	14%
8년 이상 9년 미만	16%
9년 이상 10년 미만	18%
10년 이상 11년 미만	20%
11년 이상 12년 미만	22%
12년 이상 13년 미만	24%
13년 이상 14년 미만	26%
14년 이상 15년 미만	28%
15년 이상	30%

<표2> 장기보유특별공제율

보유기간	공제율	거주기간	공제율
3년 이상 4년 미만	12%	2년 이상 3년 미만 (보유기간 3년 이상)	8%
		3년 이상 4년 미만	12%
4년 이상 5년 미만	16%	4년 이상 5년 미만	16%
5년 이상 6년 미만	20%	5년 이상 6년 미만	20%
6년 이상 7년 미만	24%	6년 이상 7년 미만	24%
7년 이상 8년 미만	28%	7년 이상 8년 미만	28%
8년 이상 9년 미만	32%	8년 이상 9년 미만	32%
9년 이상 10년 미만	36%	9년 이상 10년 미만	36%
10년 이상	40%	10년 이상	40%

Q 양도세 필요경비를 인정받기 위해서는 세금계산서 등 증빙이 있어야 하는데, 장기보유특별공제도 증빙이 있어야 하나요?

A 부동산의 장기보유기간 동안 물가상승을 감안하여 특별히 공제해주는 장기보유특별공제는 별도의 영수증이 없어도 공제할 수 있습니다.

Q 모든 부동산에 대해서는 장기보유특별공제를 적용할 수 있나요?

A 일반적인 부동산에 대해서는 장기보유특별공제를 적용할 수 있지만, 미등기자산과 양도세가 중과되는 주택에 대해서는 적용할 수 없습니다.

Q 1세대 1주택을 양도할 때 최대 80% 공제를 할 수 있는데, 거주 없이 보유만 10년 했다면 40% 공제율을 적용할 수 있나요?

A 최대 80% 공제율표를 적용받기 위해서는 주택 보유기간 중 거주기간이 2년 이상이어야 합니다. 거주기간이 없는 1주택을 양도하면 최대 30%의 공제율표를 적용받습니다.

소득세법시행령 제159조의 4 【장기보유특별공제】

법 제95조 제2항 표 외의 부분 단서에서 "대통령령으로 정하는 1세대 1주택"이란 1세대가 양도일 현재 국내에 1주택을 보유하고 보유기간 중 거주기간이 2년 이상인 것을 말한다.

12 주택 양도세율

질문

아파트 등 주택을 양도할 때, 양도세율은 얼마인가요?

키워드

#기본세율(6~45%)

답변

- 주택을 양도하는 경우의 기본적인 양도세율은 6% ~ 45%입니다.
- 다주택자가 조정대상지역의 주택을 양도하는 경우에는 기본세율보다 중과된 세율이 적용됩니다.(1세대 2주택 해당 +20%, 1세대 3주택 이상에 해당 +30%)
- 하지만 다주택자가 조정대상지역 소재 주택을 2024년 5월 9일까지 양도하는 경우에는 양도세 중과를 한시적으로 적용하지 않습니다.

참고

소득세법 시행령 제167조의3(1세대 3주택 이상에 해당하는 주택의 범위)
12의2. 법 제95조제4항에 따른 보유기간이 2년 이상인 주택을 2024년 5월 9일까지 양도하는 경우 그 해당 주택

Q 양도세 기본세율은 얼마인가요?

A 과세표준 1,400만원 이하에는 6%, 과세표준 10억원 초과시에는 45%의 세율이 기본세율입니다.

과세표준	세율
1,400만원 이하	6%
5,000만원 이하	84만원 + 1,400만원 초과분×15%
8,800만원 이하	624만원 + 5,000만원 초과분×24%
1억 5천만원 이하	1,536만원 + 8,800만원 초과분×35%
3억원 이하	3,706만원 + 1억 5천만원 초과분×38%
5억원 이하	9,406만원 + 3억원 초과분×40%
10억원 이하	1억7,406만원 + 5억원 초과분×42%
10억원 초과	3억8,406만원 + 10억원 초과분×45%

Q 양도세가 중과될 때 최고세율은 얼마인가요?

A 3주택 이상자가 중과되는 상황에서 주택을 양도하면, 75%의 양도세율이 적용됩니다. 여기에 지방소득세까지 감안하면 82.5%의 세율이 적용됩니다.

Q 한시적으로 양도세가 중과배제 되면, 어떤 점이 좋아지나요?

A 양도세 중과세율이 아닌 기본세율이 적용되고, 장기보유특별공제(최대 30% 공제율)도 적용할 수 있습니다.

Q 단기보유한 주택을 양도하는 경우에도 한시적 중과배제가 적용되나요?

A 한시적 양도세 중과배제는 2년 이상 보유한 주택을 대상으로 합니다.

13. 주택 양도차익이 5억원이면, 양도세는 얼마인가요?

질문

10년 보유(거주)한 아파트를 양도할 때, 양도차익이 5억원이면 양도세는 얼마일까요?

키워드

0원 *vs* 1억원

답변

- 양도가액이 12억원을 초과하지 않는다면, 1세대 1주택 비과세요건을 만족하는 경우에는 양도세 부담은 없습니다.
- 다주택자가 일반주택을 양도하는 경우 혹은 24년 5월 9일까지 한시적 중과배제 상황에서 중과주택을 양도하는 경우에는 최대 30%의 장기보유특별공제를 받으면서 양도세 기본세율을 적용합니다.
- 한시적 중과배제가 없는 상황에서 다주택자가 중과되는 주택을 양도한다면, 양도세율이 중과되는 불리함 뿐만 아니라 장기보유특별공제를 적용할 수 없기에 세금부담이 더욱 커집니다.

구분	항목	양도세(원)
양도차익 5억원	1세대 1주택 비과세	–
	기본세율	133,060,000
	중과세율(기본세율+20%)	272,560,000
	중과세율(기본세율+30%)	322,310,000

| CASE 1 | 1세대 1주택 비과세

- 1세대 1주택 요건을 갖춘 주택을 양도하는 경우, 그 양도가액이 12억원을 초과하지 않는다면 양도세는 나오지 않습니다.

구분	항목	금액(원)
양도차익 산정	양도가액(A)	1,200,000,000
	필요경비(B)	700,000,000
	양도차익(C)	500,000,000

↓

구분	항목	금액(원)
양도 소득금액	양도차익(C)	−
	장기보유특별공제(D)	−
	양도소득금액(E)	−

↓

구분	항목	금액(원)
양도소득 과세표준	양도소득금액(E)	−
	기본공제(F)	−
	과세표준(G)	−

↓

구분	항목	금액(원)
양도세 산출세액	과세표준(G)	−
	양도세율(H)	−
	산출세액(I)	−

| CASE 2 | **기본세율 & 일반 장기보유특별공제**

- 다주택자라 하더라도, 양도 당시 조정대상지역이 아닌 곳의 주택을 양도하는 경우에는 양도세 기본세율이 적용됩니다.
- 또한 다주택자가 조정대상지역의 주택을 양도하는 경우라도 24년 5월 9일까지는 양도세 중과세율이 적용되지 않습니다.
- 양도세율이 중과되지 않는 주택은 최대 30%의 장기보유특별공제를 적용할 수 있습니다.

구분	항목	금액(원)
양도차익 산정	양도가액(A)	1,200,000,000
	필요경비(B)	700,000,000
	양도차익(C)	500,000,000

↓

구분	항목	금액(원)
양도소득금액	양도차익(C)	500,000,000
	장기보유특별공제(D)	100,000,000
	양도소득금액(E)	400,000,000

↓

구분	항목	금액(원)
양도소득 과세표준	양도소득금액(E)	400,000,000
	기본공제(F)	2,500,000
	과세표준(G)	397,500,000

↓

구분	항목	금액(원)
양도세 산출세액	과세표준(G)	397,500,000
	양도세율(H)	기본세율
	산출세액(I)	133,060,000

| CASE 3 | 중과세율 & 장기보유특별공제 미적용

- 만약 한시적 중과배제가 적용되지 않는 상황에서, 다주택자가 조정대상지역의 주택을 양도하는 경우라면 양도세 중과세율이 적용됩니다.
- 양도세율이 중과되는 주택은 장기보유특별공제를 적용할 수도 없습니다.

구분	항목	2주택 중과	3주택 중과
양도차익 산정	양도가액(A)	1,200,000,000	1,200,000,000
	필요경비(B)	700,000,000	700,000,000
	양도차익(C)	500,000,000	500,000,000
↓			
양도 소득금액	양도차익(C)	500,000,000	500,000,000
	장기보유특별공제(D)	—	—
	양도소득금액(E)	500,000,000	500,000,000
↓			
양도소득 과세표준	양도소득금액(E)	500,000,000	500,000,000
	기본공제(F)	2,500,000	2,500,000
	과세표준(G)	497,500,000	497,500,000
↓			
양도세 산출세액	과세표준(G)	497,500,000	497,500,000
	양도세율(H)	기본세율+20%	기본세율+30%
	산출세액(I)	272,560,000	322,310,000

14 저가주택을 양도해도 중과되나요?

질문
고가주택이 아닌 저가주택을 팔아도 양도세가 중과될 수 있나요?

키워드
#기준시가 1억원

답변
- 1세대 2주택자가 조정대상지역의 주택을 양도하는 경우에는 양도세가 중과될 수 있습니다.
- 하지만 1세대 2주택자가 조정대상지역 소재 주택을 양도하더라도, 해당 주택이 양도당시 기준시가 1억원 이하인 경우에는 양도세가 중과되지 않습니다. 이때 취득당시에는 주택의 기준시가 1억원 이하였으나, 양도 당시 기준시가가 1억원을 초과한다면 중과될 수 있음에 유의해야 합니다.

참고
소득세법시행령 제167조의10(양도소득세가 중과되는 1세대 2주택에 해당하는 주택의 범위)
① 법 제104조제7항제1호에서 "대통령령으로 정하는 1세대 2주택에 해당하는 주택"이란 국내에 주택을 2개 소유하고 있는 1세대가 소유하는 주택으로서 다음 각 호의 어느 하나에 해당하지 않는 주택을 말한다.
9. 주택의 양도 당시 법 제99조에 따른 기준시가가 1억원 이하인 주택. 다만, ..

Q 2주택자가 조정대상지역의 저가주택을 양도하는 경우 양도세가 중과되지 않는데, 3주택 이상인 자 역시 동일한가요?

A 조정대상지역 소재 저가주택 양도세를 중과하지 않는 것은 1세대 2주택자의 경우에만 해당합니다. 1세대 3주택 이상인 자는 조정대상지역의 저가주택을 양도할 때 양도세가 중과될 수 있습니다.

Q 기준시가 1억원을 넘는 주택이라면?

A 수도권 및 광역시, 세종시 외의 지역에 소재하는 주택은 양도 당시 기준시가가 3억원을 초과하지 않으면 양도세가 중과되지 않습니다. 동 주택은 중과적용 주택 수를 계산할 때 주택 수에 포함되지도 않습니다.

Q 수도권 등 외 지역의 주택에 관한 기준시가 3억원 기준도 2주택자일 때만 적용되나요?

A 해당 기준시가 3억원 기준은 1세대 3주택 이상인 자에게도 동일하게 적용됩니다.

소득세법시행령

제167조의 3 【1세대 3주택 이상에 해당하는 주택의 범위】
제167조의 10 【양도소득세가 중과되는 1세대 2주택에 해당하는 주택의 범위】
1. 수도권 및 광역시·특별자치시(광역시에 소속된 군, 「지방자치법」 제3조제3항·제4항에 따른 읍·면 및 「세종특별자치시 설치 등에 관한 특별법」 제6조제3항에 따른 읍·면에 해당하는 지역을 제외한다) 외의 지역에 소재하는 주택으로서 해당 주택 및 이에 부수되는 토지의 기준시가의 합계액이 해당 주택 또는 그 밖의 주택의 양도 당시 3억원을 초과하지 않는 주택

15. 상속주택이 있을 때 비과세 받는 방법

질문
일반주택과 상속받은 주택이 있을 때, 어떤 주택을 양도해야 비과세를 받을 수 있나요?

키워드
#일반주택

답변
- 1세대 1주택 비과세는 기본적으로 주택이 1채인 경우에 적용합니다. 다만, 상속주택이 있는 경우 등 일부 특수한 경우에는 주택이 2채여도 비과세 특례를 받을 수 있습니다.
- 상속주택과 일반주택을 각각 1채 소유하다 일반주택을 양도하는 경우에는 하나의 주택만을 소유한 것으로 보아 1주택 비과세 여부를 판단합니다.

참고

소득세법시행령 제155조【1세대 1주택의 특례】
② 상속받은 주택과 그 밖의 주택을 국내에 각각 1개씩 소유하고 있는 1세대가 일반주택을 양도하는 경우에는 국내에 1개의 주택을 소유하고 있는 것으로 보아 제154조 제1항을 적용한다.

Q 상속주택과 일반주택이 있습니다. 그런데 일반주택은 상속개시 후에 취득했습니다. 그래도 상속주택 비과세특례를 적용할 수 있나요?

A 상속주택 비과세 특례는 상속개시 당시 보유한 일반주택에 대해 적용할 수 있습니다. 또는 상속개시 당시 보유한 입주권, 분양권에 의해 취득한 신축주택에 대해서도 특례를 적용할 수 있습니다.

Q 상속개시 당시 보유한 일반주택이 있습니다. 그런데 해당 주택을 상속개시일 기준 1년 전에 피상속인에게 증여받았습니다.

A 상속개시일부터 소급하여 2년 이내 피상속인으로부터 증여받은 일반주택은 상속주택 비과세특례 대상이 아닙니다.

Q 일반주택과 상속주택이 있는데, 어쩔 수 없이 상속주택을 단기간에 먼저 팔아야 합니다. 피상속인이 보유한 기간을 장기보유특별공제로 받을 수 있나요?

A 별도세대원인 자녀가 주택을 상속받으면 장기보유특별공제는 상속개시일부터 양도일까지의 기간으로 계산합니다.

Q 상속주택을 단기간에 팔 때 단기양도세율이 적용되나요?

A 상속주택의 양도세율 적용을 위한 보유기간은 피상속인의 취득일부터 상속주택 양도일까지입니다. 해당 기간이 2년 이상이라면 단기 양도세율은 적용되지 않습니다.

Q 피상속인의 주택이 여러 채인데, 어떤 주택이 상속주택 비과세 특례대상인가요?

A 피상속인이 소유한 기간이 가장 긴 주택(혹은 동일하다면 피상속인이 거주한 기간이 가장 긴 주택 등)을 상속주택으로 보아 비과세 특례여부를 판단합니다.

16 주택의 지분만 상속받은 경우의 주의사항

질문
주택을 전체가 아닌 일부 지분으로만 상속받은 경우에는 상속인 중 누구의 주택 수에 포함되나요?

키워드
#지분, #거주자, #연장자

답변
- 주택을 다른 상속인들과 공동으로 상속받은 경우에 그 주택은 상속지분이 가장 큰 상속인의 주택으로 보고 있습니다. 즉, 상속지분이 가장 큰 자 외의 상속인들은 해당 상속주택을 없는 것으로 보아 1주택 비과세를 적용할 수 있습니다.
- 상속지분이 동일하다면, 해당 상속주택에 거주하는 상속인의 소유로 보고 있습니다. 만약 상속주택에 거주하는 자가 없다면, 가장 나이가 많은 상속인의 소유로 보고 있습니다.

참고
소득세법시행령 제155조【1세대 1주택의 특례】
③ 제154조 제1항을 적용할 때 공동상속주택[..중략..] 외의 다른 주택을 양도하는 때에는 해당 공동상속주택은 해당 거주자의 주택으로 보지 아니한다. 다만, 상속지분이 가장 큰 상속인의 경우에는 그러하지 아니하며, 상속지분이 가장 큰 상속인이 2명 이상인 경우에는 그 2명 이상의 사람 중 다음 각 호의 순서에 따라...

Q & A

Q 상속주택과 일반주택이 있을 때 비과세 특례는 상속개시일 현재 일반주택만 대상이죠?

A 네. 상속개시일 이후 취득한 일반주택은 비과세 특례를 적용할 수 없습니다.(상속받은 입주권, 분양권으로 취득한 신축주택은 예외)

Q 공동상속주택과 일반주택이 있을 때에도 마찬가지인가요?

A 공동상속주택의 소수지분자는 상속주택을 소유한 것으로 보지 않기 때문에, 상속개시일 이후에 취득한 일반주택이라도 기간요건 등을 갖추어 양도하면 1주택 비과세를 받을 수 있습니다.

17 다가구주택의 1세대 1주택 비과세방법

질문
여러 세대가 살고 있는 다가구주택도 1세대 1주택 비과세 혜택을 받을 수 있나요?

키워드
#하나의 매매단위

답변
- 다가구주택은 한 가구가 독립하여 거주할 수 있도록 된 부분을 각각 하나의 주택으로 보고 있습니다.
- 하지만 다가구주택을 일부가 아닌 전부를 기준으로 매매하는 경우가 일반적입니다. 이렇게 다가구주택을 하나의 매매단위로 양도하는 경우에는 그 전체를 1주택으로 보며, 보유요건 등을 만족하는 경우에는 비과세 혜택을 받을 수도 있습니다.

참고

소득세법시행령 제155조 【1세대 1주택의 특례】
⑮...다만, 해당 다가구주택을 구획된 부분별로 양도하지 아니하고 하나의 매매단위로 하여 양도하는 경우에는 그 전체를 하나의 주택으로 본다.

Q 어떤 주택이 다가구주택인가요?

A 아래 요건을 모두 만족한 주택으로 공동주택에 해당하지 않는 것을 말합니다.

> **건축법시행령 별표1**
>
> 다가구주택: 다음의 요건을 모두 갖춘 주택으로서 공동주택에 해당하지 아니하는 것을 말한다.
> 1) 주택으로 쓰는 층수(지하층은 제외한다)가 3개 층 이하일 것. 다만, 1층의 전부 또는 일부를 필로티 구조로 하여 주차장으로 사용하고 나머지 부분을 주택(주거 목적으로 한정한다) 외의 용도로 쓰는 경우에는 해당 층을 주택의 층수에서 제외한다.
> 2) 1개 동의 주택으로 쓰이는 바닥면적의 합계가 660제곱미터 이하일 것
> 3) 19세대(대지 내 동별 세대수를 합한 세대를 말한다) 이하가 거주할 수 있을 것

Q 다세대주택은 다가구주택과 다른가요?

A 다세대주택은 단독주택이 아닌 공동주택에 해당하며, 주택으로 쓰는 층수가 4개층 이하인 주택을 말합니다.

> **건축법시행령 별표1**
>
> 다세대주택: 주택으로 쓰는 1개 동의 바닥면적 합계가 660제곱미터 이하이고, 층수가 4개 층 이하인 주택(2개 이상의 동을 지하주차장으로 연결하는 경우에는 각각의 동으로 본다)

Q 혹시 다가구주택에 옥탑이 있는 경우 세금이 달라질 수 있나요?

A 옥탑을 실제 거주용으로 사용하고, 그 옥탑을 포함하여 주택 층수가 4개층이라면, 다가구주택이 아닌 다세대주택에 해당하게 됩니다. 그에 따라 다가구주택 일괄양도에 대한 비과세 혜택을 받지 못할 수도 있습니다.

18. 부부 공동명의 주택은 양도세가 얼마나 줄어들까?

질문
부부 공동명의 주택을 양도하면 단독명의인 경우에 비해 양도세가 얼마나 절감되나요?

키워드
#기본공제 & 낮은 세율 한 번 더

답변
- 부동산 양도소득이 있는 거주자는 연 250만원의 기본공제를 적용합니다. 부부공동명의 부동산을 양도하는 경우에는 부부 각각이 250만원의 기본공제를 적용할 수 있습니다.
- 또한 양도세를 각자 계산하기에 낮은 구간의 양도세율을 한 번 더 적용하는 효과도 있어서 단독명의에 비해 양도세 부담이 줄어듭니다.

구분	항목	양도세(원)	차이(원)
기본세율	단독명의	133,060,000	22,840,000
	공동명의	110,220,000	
2주택 중과세율	단독명의	272,560,000	25,340,000
	공동명의	247,220,000	

| CASE 1 | **기본세율 & 일반 장기보유특별공제 적용되는 경우의 공동명의**

- 부부가 공동으로 7억원에 구입한 아파트를 10년간 보유한 후 12억원에 양도하는 경우, 양도세는 부부 각자의 금액을 기준으로 계산합니다.
- 중과되지 않는 주택을 양도하면 장기보유특별공제를 적용할 수 있습니다.
- 부부 공동명의의 경우, 양도소득 기본공제 250만원을 각각 적용할 수 있고, 또한 각각 양도세를 계산하기에 낮은 구간의 양도세율을 적용할 수 있어 양도세 부담이 줄어듭니다.

구분	항목	본인	배우자
양도차익 산정	양도가액(A)	600,000,000	600,000,000
	필요경비(B)	350,000,000	350,000,000
	양도차익(C)	250,000,000	250,000,000
↓			
양도 소득금액	양도차익(C)	250,000,000	250,000,000
	장기보유특별공제(D)	50,000,000	50,000,000
	양도소득금액(E)	200,000,000	200,000,000
↓			
양도소득 과세표준	양도소득금액(E)	200,000,000	200,000,000
	기본공제(F)	2,500,000	2,500,000
	과세표준(G)	197,500,000	197,500,000
↓			
양도세 산출세액	과세표준(G)	197,500,000	197,500,000
	양도세율(H)	기본세율	기본세율
	산출세액(I)	55,110,000	55,110,000

| CASE 2 | 2주택 중과세율 & 장기보유특별공제 미적용

- 중과되는 주택에 대해 장기보유특별공제를 적용할 수 없는 점은 부부 공동명의일 때에도 동일하게 적용됩니다.
- 다만, 중과되는 주택인 경우에도 일반양도와 마찬가지로 낮은 양도세율 적용 및 각각의 기본공제 적용으로 인해 단독명의에 비해서 양도세 부담이 줄어듭니다.

구분	항목	본인	배우자
양도차익 산정	양도가액(A)	600,000,000	600,000,000
	필요경비(B)	350,000,000	350,000,000
	양도차익(C)	250,000,000	250,000,000
↓			
양도소득금액	양도차익(C)	250,000,000	250,000,000
	장기보유특별공제(D)	−	−
	양도소득금액(E)	250,000,000	250,000,000
↓			
양도소득 과세표준	양도소득금액(E)	250,000,000	250,000,000
	기본공제(F)	2,500,000	2,500,000
	과세표준(G)	247,500,000	247,500,000
↓			
양도세 산출세액	과세표준(G)	247,500,000	247,500,000
	양도세율(H)	기본세율+20%	기본세율+20%
	산출세액(I)	123,610,000	123,610,000

19 상속과 다른 혼인으로 인한 2주택

질문
결혼 전 1주택을 보유한 자가 혼인으로 2주택을 보유하게 되면 어떤 주택을 먼저 양도해야 하나요??

키워드
#순서 무관, #5년

답변
- 1주택을 보유하는 자가 1주택을 보유하는 자와 혼인함으로써 1세대 2주택이 되는 경우에는 비과세특례가 적용될 수 있습니다.
- 혼인으로 인해 1세대 2주택이 되었을 때, 혼인한 날부터 5년 이내에 먼저 양도하는 주택은 1세대 1주택으로 보아 비과세규정을 적용할 수 있습니다.
- 혼인하는 자가 주택이 없지만, 그 자가 1주택을 보유하고 있는 60세 이상의 직계존속을 동거봉양하는 경우에도 혼인으로 인한 주택 비과세특례를 적용할 수 있습니다.

참고

소득세법시행령 제155조【1세대 1주택의 특례】
⑤ 1주택을 보유하는 자가 1주택을 보유하는 자와 혼인함으로써 1세대가 2주택을 보유하게 되는 경우 … 혼인한 날부터 5년 이내에 먼저 양도하는 주택은 이를 1세대 1주택으로 보아 제154조 제1항을 적용한다.

Q 혼인한 날은 언제인가요?

A 1세대 1주택 비과세특례에서 혼인한 날은 관할 지방관서에 혼인신고한 날을 기준으로 합니다.

Q 혼인 후 동일 세대원에게 양도하는 경우도 비과세 가능한가요?

A 혼인합가로 1세대 2주택이 된 상태에서 1주택을 동일 세대원에게 양도하는 경우에는 비과세 특례가 적용되지 않습니다.

Q 혼인으로 인한 비과세특례는 재혼한 경우에도 가능한가요?

A 각각 1주택을 보유한 부부가 이혼하고, 다시 재혼하면 재혼한 날부터 5년 이내 먼저 양도하는 주택에 대해 비과세가 적용될 수 있습니다. 다만, 법률상으로만 이혼하고, 실제 생계를 같이 할 때에는 비과세가 적용될 수 없습니다.

Q 재건축을 위해 주택이 멸실된 상태에서, 혼인하는 경우에는?

A 재건축하기 위해 주택이 멸실된 상태에서 1주택을 보유한 자와 혼인한 후 재건축주택이 완공되는 경우에는, 해당 재건축주택에 대해 혼인으로 인한 비과세 특례를 적용받을 수도 있습니다.

20 상가를 매각하면 토지도 양도한 것, 토지는 얼마일까?

질문

상가(꼬마빌딩) 중 토지를 얼마에 양도한 것 인가요?

키워드

#매매계약서, #기준시가로 안분

답변

- 건물과 토지로 이루어진 상가를 양도할 때, 건물과 토지 각각의 양도금액은 매매계약서를 통해 확인할 수 있습니다. 이렇게 확인된 각각의 양도금액을 기준으로 건물과 토지의 양도세를 계산합니다.
- 그런데 토지와 건물을 함께 매도하면서 매매계약서에 건물과 토지의 가액을 구분하여 기재하지 않는 경우도 있습니다. 이런 경우에는 총 매매금액을 양도 당시의 건물 및 토지의 기준시가로 안분하여 각각의 양도금액을 계산합니다.

참고

소득세법 제100조 【양도차익의 산정】
② 제1항을 적용할 때 양도가액 또는 취득가액을 실지거래가액에 따라 산정하는 경우로서 토지와 건물 등을 함께 취득하거나 양도한 경우에는 이를 각각 구분하여 기장하되 토지와 건물 등의 가액 구분이 불분명할 때에는…

Q 왜 양도가액을 구분해야하나요?

A 건물과 토지 각각의 양도차익을 산정해야하기 때문입니다. 토지를 취득한 후 나중에 건물을 신축했다면 토지와 건물의 보유기간이 달라 장기보유특별공제를 다르게 적용하는 등의 사유가 있어 양도가액 구분이 필요합니다.

Q 상가의 건물과 토지 양도가액 구분은 양도세를 위해서만 필요한가요?

A 양도세 계산 목적 외에 상가의 건물 양도분에 대해서는 부가가치세를 납부해야 하는 이유도 있습니다.

21 상가주택의 양도세 계산방법

질문

주택과 상가 겸용으로 사용하는 건물을 양도하면 양도세는 어떻게 계산하나요?

키워드

#주택부분만 주택

답변

- 주택과 상가 겸용건물의 경우, 기본적으로 주택부분만 주택으로 보아 양도세를 계산합니다.
- 실제 거래가액이 12억원을 초과하는 고가의 겸용주택의 경우에는 주택의 면적이 상가의 면적보다 크던 작던 상관없이 주택부분만 주택으로 보고 있습니다.
- 즉, 주택에 대한 부분은 주택의 양도차익을 산정하고, 상가에 대한 부분은 상가의 양도차익을 산정하여 양도세를 계산합니다.

참고

소득세법시행령 제160조【고가주택에 대한 양도차익 등의 계산】
① 고가주택(하나의 건물이 주택과 주택 외의 부분으로 복합되어 있는 경우와 주택에 딸린 토지에 주택 외의 건물이 있는 경우에는 주택 외의 부분은 주택으로 보지 않는다)에 해당하는 자산…

Q 고가가 아닌 겸용주택의 경우에는 양도세를 어떻게 계산하나요?

A 고가 겸용주택이 아닌 경우, 주택의 연면적이 주택외 부분의 연면적보다 크다면 전부를 주택으로 보아 양도세를 산정합니다.

Q 고가 겸용주택은 주택면적이 더 큰 경우에도 왜 주택부분만 주택으로 보아 양도세를 계산하나요?

A 주택면적이 더 큰 고가 겸용주택은 주택과 주택외부분을 분리하여 양도세를 과세하는 것이 합리적이라는 과세당국의 판단으로 22년 1월 1일 양도하는 분부터 적용되도록 관련 법이 개정되었습니다.

22 상가 양도과정에서 발생한 명도비 활용법

질문
상가를 양도할 때 발생한 명도비는 필요경비로 공제받을 수 있나요?

키워드
#매매특약

답변

- 상가를 양도하기 위해 직접 지출한 비용은 양도세 계산시 필요경비로 공제받을 수 있습니다.
- 필요경비 항목에는 매매계약에 따른 인도의무를 이행하기 위해 지출한 명도비용도 포함되며, 그에 맞는 증빙을 준비해야 합니다.
- 즉, 매매계약에 따른 의무였음을 명확히 하기 위해 매매계약서상 특약사항으로 명도비 내역을 기재하고, 또한 실제 명도비 이체내역(혹은 원천징수내역) 등을 준비해야 경비로 인정받을 수 있습니다.

참고

소득세법시행령 제163조【양도자산의 필요경비】

⑤ 1. 법 제94조 제1항 각 호의 자산을 양도하기 위하여 직접 지출한 비용으로서 다음 각 목의 비용
  나. 양도소득세과세표준 신고서 작성비용 및 계약서 작성비용
  라. 매매계약에 따른 인도의무를 이행하기 위하여 양도자가 지출하는 명도비용

Q 양도자산의 필요경비 항목 중 하나인 명도비는 언제 규정에 들어왔나요?
A 관련 소득세법이 개정되어 2018년 2월 13일 이후 양도하는 분부터 명도비를 양도비로 인정한다는 내용이 소득세법에 기재되었습니다.

Q 2018년 2월 13일 이전에는 명도비가 필요경비로 인정되지 않았나요?
A 소득세법상 필요경비 항목에 명도비가 명시적으로 기재되지 않아 다툼이 많았습니다. 국세청은 명도비가 소득세법상 필요경비로 열거된 비용에 해당하지 않아 비용을 인정하지 않았지만, 법원 결정단계에서는 명도비 역시 부동산을 양도하는 과정에서 부득이하게 지출된 것으로 보아 공제해준 사례도 볼 수 있습니다.

23 토지의 양도세 계산은 주택과 다르다

질문

토지를 양도할 때의 세금 계산은 주택의 계산방식과 다른가요?

키워드

#기본세율 동일, #장기보유특별공제 상이

답변

- 주택을 양도하는 경우의 기본적인 양도세율은 6% ~ 45%이며, 이는 토지의 경우에도 동일합니다.
- 다만 최대 80% 장기보유특별공제율이 적용될 수 있는 1세대 1주택자와 달리, 1세대가 1토지를 보유하더라도 해당 토지는 15년간 보유했을 때를 기준으로 최대 30% 장기보유특별공제율이 적용됩니다.

참고

소득세법 제104조 【양도소득세의 세율】
① 1. 제94조 제1항 제1호·제2호 및 제4호에 따른 자산
  → (토지 및 건축물)
  : 제55조 제1항에 따른 세율(기본세율)

■ 10년 보유한 토지의 양도세 계산(양도차익 10억원)

- 5억원에 구입한 토지를 15억원에 양도하여 양도차익이 10억원입니다.
- 10년간 보유한 토지는 양도차익의 20%만큼 장기보유특별공제를 적용합니다.
- 797,500,000원의 과세표준 기준으로 양도세 산출세액은 299,010,000원입니다.

구분	항목	금액(원)
양도차익 산정	양도가액(A)	1,500,000,000
	필요경비(B)	500,000,000
	양도차익(C)	1,000,000,000

↓

구분	항목	금액(원)
양도 소득금액	양도차익(C)	1,000,000,000
	장기보유특별공제(D)	200,000,000
	양도소득금액(E)	800,000,000

↓

구분	항목	금액(원)
양도소득 과세표준	양도소득금액(E)	800,000,000
	기본공제(F)	2,500,000
	과세표준(G)	797,500,000

↓

구분	항목	금액(원)
양도세 산출세액	과세표준(G)	797,500,000
	양도세율(H)	기본세율
	산출세액(I)	299,010,000

- 양도차익 10억원의 토지인데, 해당 토지를 10년이 아닌 15년 보유한 경우에는 추가적인 장기보유특별공제적용으로 양도세 산출세액이 약 42백만원 감소합니다.

24. 얼마에 구입했는지 모르는 토지를 양도한다면?

질문

오랫동안 보유한 토지를 양도했는데, 그 토지의 취득가액을 모른다면 양도세를 어떻게 계산하나요?

키워드

#환산취득가액

답변

- 토지 등 부동산을 양도하면 양도가액에서 실제 취득한 금액을 차감하여 양도세를 산출해 나갑니다.
- 만약 해당 토지를 너무 오래전에 구입하여 매매계약서 등 증빙이 없어 취득금액을 모르는 경우에는 취득가액을 환산한 금액으로 적용하여 양도세를 산출합니다.
- 이때 환산취득가액은 토지의 양도당시 기준시가와 취득당시 기준시가의 비율을 활용하여 추정한 금액입니다.

참고

소득세법시행령 제176조의 2【추계결정 및 경정】

$$\text{양도 당시의 실지거래가액, 제176조의 2 제3항 제1호의 매매사례가액 또는 같은 제2호의 감정가액} \times \frac{\text{취득 당시의 기준시가}}{\text{양도 당시의 기준시가}}$$

■ **취득가액을 알 수 없는 10년 보유한 토지의 양도세 계산(양도차익 10억원)**

- 토지의 취득금액을 확인할 수 없는 경우에는 환산취득가액을 적용합니다.
- 양도당시 공시지가는 m^2당 100,000원, 취득당시 공시지가는 20,000원인 경우에 양도가액 15억원을 기준시가 비율(20,000/100,000)로 환산하면 취득금액이 3억원이 됩니다. (실제로는 환산취득금액 외에 취득당시 토지 공시지가의 3%만큼 개산공제액도 필요경비에 반영됩니다)
- 10년간 보유한 토지는 양도차익의 20%만큼 장기보유특별공제를 적용합니다.
- 957,500,000원의 과세표준 기준으로 양도세 산출세액은 366,210,000원입니다.

구분	항목	금액(원)
양도차익 산정	양도가액(A)	1,500,000,000
	필요경비(B)	300,000,000
	양도차익(C)	1,200,000,000
↓		
양도 소득금액	양도차익(C)	1,200,000,000
	장기보유특별공제(D)	240,000,000
	양도소득금액(E)	960,000,000
↓		
양도소득 과세표준	양도소득금액(E)	960,000,000
	기본공제(F)	2,500,000
	과세표준(G)	957,500,000
↓		
양도세 산출세액	과세표준(G)	957,500,000
	양도세율(H)	기본세율
	산출세액(I)	366,210,000

25 비사업용토지를 양도할 때 불리한 점은?

질문

비사업용토지는 양도세 계산에서 어떤 점이 불리한가요?

키워드

#중과세율(+10%)

답변

- 비사업용토지를 양도하는 경우에는 기본세율보다 10%가 중과된 양도세율을 적용합니다.
- 적용세율에서 불리한 점이 있지만, 비사업용토지의 경우에는 중과대상 주택 양도와 달리 장기보유특별공제를 적용할 수 있습니다.
- 참고로 21년 LH사태로 인해 비사업용토지에 대해 중과세율을 인상하고, 장기보유특별공제를 배제하자는 움직임이 있었지만, 법 개정으로 이어지지는 않았습니다.

참고

부동산 투기근절 및 재발방지 대책(2021.3.29.)

❷ 개인 및 법인의 비사업용 토지에 대한 양도소득세 강화('22.1.1일 시행) 및 사업용 토지(양도세 중과세율 배제) 범위 축소

  ■ 비사업용 토지 양도時 기본세율(6~45%)에 가산되는 중과세율을 인상(+10→+20%p)하고 장기보유특별공제*(최대 30%) 적용도 배제

■ 10년 보유한 비사업용토지 양도세 계산(양도차익 10억원)

- 일반토지와 비사업용토지 모두 장기보유특별공제를 적용할 수 있습니다.
- 그러나 비사업용토지는 일반토지와 다르게 기본세율보다 10% 중과된 세율로 계산해야 합니다.
- 797,500,000원의 과세표준 기준으로 중과된 산출세액은 378,760,000원입니다.

구분	항목	일반토지	비사업용토지
양도차익 산정	양도가액(A)	1,500,000,000	1,500,000,000
	필요경비(B)	500,000,000	500,000,000
	양도차익(C)	1,000,000,000	1,000,000,000
↓			
양도 소득금액	양도차익(C)	1,000,000,000	1,000,000,000
	장기보유특별공제(D)	200,000,000	200,000,000
	양도소득금액(E)	800,000,000	800,000,000
↓			
양도소득 과세표준	양도소득금액(E)	800,000,000	800,000,000
	기본공제(F)	2,500,000	2,500,000
	과세표준(G)	797,500,000	797,500,000
↓			
양도세 산출세액	과세표준(G)	797,500,000	797,500,000
	양도세율(H)	기본세율	중과세율
	산출세액(I)	299,010,000	378,760,000

26 농지는 비사업용토지가 될 수 있다

질문

얼마나 재촌자경을 해야 비사업용토지가 아닌가요?

키워드

#3년/5년, #2년/3년, #60%

답변

- 5년 이상 농지를 소유한 경우, 일정 기간 이상을 재촌자경하면 비사업용토지에 해당하지 않습니다.
- 일정 기간은 1)양도일 직전 5년 중 3년 이상, 2)양도일 직전 3년 중 2년 이상, 3)농지 소유기간 중 60% 이상의 기간을 말하며, 동 기간에 재촌자경하는 경우에는 비사업용토지에 해당하지 않습니다.
- 그리고 해당 기간요건은 동시에 모두 충족이 아닌, 하나의 기간요건만 만족하면 사업용토지에 해당합니다.

참고

소득세법시행령 제168조의 6 【비사업용 토지의 기간기준】
1. 토지의 소유기간이 5년 이상인 경우에는 다음 각 목의 모두에 해당하는 기간
가. 양도일 직전 5년 중 2년을 초과하는 기간
나. 양도일 직전 3년 중 1년을 초과하는 기간
다. 토지의 소유기간의 100분의 40에 상당하는 기간을 초과하는 기간

27 1억원의 세금을 깎아주는 토지가 되려면?

질문

자경농지를 양도하면 무조건 1억원을 깎아주는 건가요?

키워드

#자경농지, #8년

답변

- 농지 소재지에 거주하는 자가 8년 이상 자경한 토지를 양도하는 경우에는 양도세 감면혜택을 받을 수 있습니다.
- 8년 이상 자경기간 요건은 계속적인 8년이 아닌, 농지 소유기간 동안 실제 자경한 기간을 통산하여 판단합니다.
- 그리고 자경농지에 대한 양도세는 전액 감면해주지만, 그 한도가 있습니다. 1개 과세연도 기준 1억원, 5개 과세연도 기준 2억원을 한도로 감면해주고 있습니다.

참고

조세특례제한법 제69조【자경농지에 대한 양도소득세의 감면】
① 농지 소재지에 거주하는 대통령령으로 정하는 거주자가 8년 이상 대통령령으로 정하는 방법으로 직접 경작한 토지 중 대통령령으로 정하는 토지의 양도로 인하여 발생하는 소득에 대해서는 양도소득세의 100분의 100에 상당하는 세액을 감면한다.

Q&A

Q 중간에 휴경기간이 있는 자경농지도 감면가능한가요?

A 휴경기간이 있다면, 휴경기간을 제외한 자경기간이 8년 이상이 되어야 합니다. 단, 농어업농어촌및식품산업기본법에 따라 일시 휴경농지로 선정되어 보상금을 지급받은 경우의 휴경기간은 자경기간에 포함됩니다.

Q 농지를 증여받은 경우에는?

A 수증일 이후 증여받은 자가 자경한 기간이 8년 이상이 되어야 합니다.

Q 8년 이상 자경한 농지를 대지상태로 양도하는 경우에는?

A 양도일 현재 농지인 경우에 자경농지 양도세 감면을 적용할 수 있습니다.

Q 8년 이상 자경을 했고 양도일 현재에도 농지에 해당하지만, 지목이 농지가 아닌 경우에는?

A 지적공부상의 지목에 관계없이 실제 경작에 사용되는 토지는 감면대상이 될 수 있습니다.

Q 8년 이상 자경했는데, 직장을 다니면서 농사를 지었으면?

A 직장을 다니는 경우 근로소득 총급여액의 합계액이 3,700만원 이상인 기간은 자경기간에서 제외합니다.

28 반드시 알아야 할 상속받은 자경농지 양도기한

질문

상속받은 자경농지는 언제까지 팔아야 하나요?

키워드

#3년

답변

- 피상속인이 자경한 농지를 상속받는 경우, 해당 농지를 상속개시일로부터 일정기한 이내에 양도하면 피상속인의 자경기간을 상속인이 이어받을 수도 있습니다.
- 만약 상속받은 농지가 피상속인이 8년 이상 자경한 농지이고, 해당 농지를 상속받은 날로부터 3년 이내 양도한다면, 상속인이 8년 이상 자경한 농지로 보아 양도세 감면을 적용받을 수 있습니다.

참고

조세특례제한법 제66조【자경농지에 대한 양도소득세의 감면】
⑫ 제11항에도 불구하고 상속인이 상속받은 농지를 1년 이상 계속하여 경작하지 아니하더라도 상속받은 날부터 3년이 되는 날까지 양도하거나 ... 제11항 제1호 및 제2호의 경작기간을 상속인이 경작한 기간으로 본다

Q&A

Q 양도기한을 깜빡해서, 상속개시일로부터 3년이 지났으면 감면이 안 되나요?

A 상속개시일로부터 3년이 지났어도 상속인이 상속받은 농지를 1년 이상 계속하여 경작했다면 피상속인의 자경기간을 이어받을 수 있습니다.

Q 상속개시일로부터 3년이 지났고, 상속인이 자경하지 못했다면?

A 피상속인이 자경한 기간을 상속인의 자경기간으로 인정받지 못합니다.

Q 상속개시일로부터 3년이 지났고, 상속인이 자경하지 못하면 비사업용토지에 해당하나요?

A 직계존속이 8년 이상 자경한 농지를 상속받으면, 상속받은 자경농지는 비사업용토지로 보지 않습니다.

2023년 부동산 세금 상식백과

PART 05

증여세편

- 01 5천만원까지는 세금이 없다
- 02 5천만원은 10년간 단 한 번
- 03 1억 4천만원을 세금없이 주는 방법
- 04 아버지 5천만원, 어머니 5천만원, 세금없이 받을 수 있을까?
- 05 할아버지 5천만원, 아버지 5천만원, 세금없이 받을 수 있을까?
- 06 성인이 되는 날 추가로 받을 수 있는 금액은?
- 07 용돈은 1억원도 세금이 없다?!
- 08 할아버지의 용돈에 증여세가 과세되는 이유
- 09 5억원을 증여받으면 세금이 얼마일까?
- 10 세금없이 5억원 받는 방법
- 11 프랜차이즈 커피전문점은 5억원을 받을 수 있나요?
- 12 부동산 증여 절차
- 13 부동산을 증여받으면 부담하는 세금
- 14 10억원의 부동산, 증여세는 얼마인가요?
- 15 증여세는 언제까지 신고해야하나요?
- 16 지금 당장 내는 증여세 줄이는 방법
- 17 증여받은 아파트는 얼마일까?
- 18 시세가 급락한 아파트의 증여취소 골든타임
- 19 아파트를 매매했는데 증여세가 나올 수 있다
- 20 부모님 소유의 아파트에 증여세없이 거주하는 방법
- 21 토지는 어떻게 평가하나요?
- 22 대출을 받아야 한다면 반드시 증여세 폭탄주의
- 23 영농자녀가 농지를 증여받으면 세금이 없다
- 24 큰 상가와 작은 상가는 평가방법이 다르다
- 25 상가를 받으면 증여세가 줄어드는 이유
- 26 상가(겸용)주택의 기준시가 구하는 방법

01 5천만원까지는 세금이 없다

질문

아버지에게는 얼마까지 받아도 세금이 없나요?

키워드

#23년 5월, #아직은 5천만원

답변

- 부모님께 대가없이 받는 금액은 증여재산입니다.
- 그리고 직계존속인 부모님에게 증여받는 경우에는 5천만원의 증여재산공제가 적용됩니다.
- 따라서 부모님께는 5천만원을 증여받아도 증여세가 발생하지 않습니다.

구 분	금액
증여재산(A)	5천만원
증여공제(B)	5천만원
과세표준(C=A-B)	-
증여세	-

참고

상증세법 제53조【증여재산 공제】
2. 직계존속[수증자의 직계존속과 혼인(사실혼은 제외한다. 이하 이 조에서 같다) 중인 배우자를 포함한다]으로부터 증여를 받은 경우: 5천만원…

Q & A

Q 자녀가 부모님께 증여받는 경우에는 5천만원을 공제하나요?
A 네. 성년인 자녀가 부모님께 증여받을 때 증여공제금액은 5천만원입니다.

Q 미성년자가 증여받는 경우에는 공제금액이 다른가요?
A 수증자인 자녀가 미성년자인 경우의 공제금액은 2천만원입니다.

Q 증여공제금액은 언제 1억원이 될까요?
A 법 개정사항이라 관련 개정안이 국회를 통과해야합니다. 참고로 지난 22년 4월에 관련 상속세및증여세법 개정안이 발의된 적이 있습니다.

> 〈상속세 및증여세법 일부 개정법률안〉
> - 발의자 : 유경준의원 등 14인(의안번호 제15371호)
> - 발의일 : 2022. 4. 22.
> - 제안이유 : 직계존속으로부터 증여를 받은 경우 증여재산공제 한도액을 1억원(미성년자가 증여를 받은 경우 5천만원)으로 각각 상향함으로써 수증자의 증여세 부담을 완화하려는 것임(안 제53조제2호).

02 5천만원은 10년간 단 한 번

질문

작년에 차를 사면서 아버지께 5천만원을 증여받았습니다.
올해에는 직장근처의 전세를 얻으면서 아버지께 다시 5천만원을 받았습니다.
5천만원 공제가 있으니 어차피 세금은 없겠죠?

키워드

#10년에 한 번

답변

- 직계존속인 아버지에게 증여받을 때에는 5천만원을 공제합니다.
- 단, 매년 5천만원을 공제하는 것이 아니라, 10년(합산기간) 동안의 공제금액 총액이 5천만원입니다.
- 작년에 5천만원 공제를 사용한 경우 추가적인 증여금액에 대해서는 증여세를 부담해야 합니다.

참고

상증세법 제53조【증여재산 공제】
이 경우 수증자를 기준으로 그 증여를 받기 전 10년 이내에 공제받은 금액과 해당 증여가액에서 공제받을 금액을 합친 금액이 다음 각 호의 구분에 따른 금액을 초과하는 경우에는 그 초과하는 부분은 공제하지 아니한다.

Q 증여공제가 5천만원이면, 매년 5천만원씩 받아도 세금이 없겠죠?

구 분	작년	올해
증여재산(A)	5천만원	5천만원
증여공제(B)	5천만원	5천만원
과세표준(C=A−B)	−	−
⬇		
증여세	−	−

A 아버지에게 10년 이내에 받은 증여재산은 합산합니다. 그리고 합산한 증여재산이 5천만원 공제금액을 초과하는 경우에는 세금을 부담해야합니다.

구 분	작년	올해	합산
증여재산(A)	5천만원	5천만원	1억원
증여공제(B)	5천만원		5천만원
과세표준(C=A−B)	−		5천만원
⬇			
증여세	−	−	5백만원

03 1억 4천만원을 세금없이 주는 방법

질문

31살 자녀에게 전세보증금 1억 4천만원을 지원해주려고 합니다.
한 번에 주려고 하니 세금이 부담됩니다. 미리 계획했다면 증여세가 줄었을까요?

키워드

#증여공제 #증여계획

답변

- 1억4천만원을 일시에 증여받는 경우에는 증여세를 부담해야합니다.

구 분	금액
증여재산(A)	1억 4천만원
증여공제(B)	5천만원
과세표준(C=A−B)	9천만원
⬇	
증여세	9백만원

- 하지만 10년 기간을 활용하여 증여를 실행했다면, 31살의 자녀는 1억 4천만원을 세금없이 받을 수도 있습니다.

나이	금액	
1살	2천만원	증여재산 총액: 1억 4천만원
⬇		
11살	2천만원	
⬇		증여세 부담: −
21살	5천만원	
⬇		
31살	5천만원	

04 아버지 5천만원, 어머니 5천만원, 세금없이 받을 수 있을까?

질문

차를 사면서 아버지에게 5천만원 받았습니다.
그리고 어머니에게는 전세를 구하면서 5천만원 받았습니다.
부모님 두 분에게 각각 5천만원씩 받으면 세금이 없겠죠?

키워드

#부=모, #증여재산합산

답변

- 증여에 있어 아버지와 어머니는 동일인으로 보고 있습니다.
- 즉, 아버지와 어머니에게 각각 5천만원을 받아도, 부모님이라는 동일인에게 1억원을 받은 것으로 간주합니다.
- 그리고 이때 적용하는 증여공제금액은 합산금액 기준으로 5천만원입니다.

참고

상증세법 제47조【증여세 과세가액】
② 해당 증여일 전 10년 이내에 동일인(증여자가 직계존속인 경우에는 그 직계존속의 배우자를 포함한다)으로부터 받은 증여재산가액을 합친 금액이 1천만원 이상인 경우에는 그 가액을 증여세 과세가액에 가산한다.

Q 부모님에게 각각 5천만원을 받아도 증여세가 나오는 거죠?
A 네. 두 분께 받은 금액을 합산한 후, 합산금액에서 5천만원을 공제합니다.

Q 부모님이 이혼을 한 후, 자녀에게 증여를 해주는 경우에도 합산증여금액을 기준으로 5천만원을 공제하나요?
A 부모님이 이혼을 하면, 두 분은 법적인 배우자가 아니기에 증여재산을 합산하는 동일인에 해당하지 않습니다. 이혼한 부모님으로부터 동시에 증여를 받는 경우에는 5천만원 공제금액을 각각의 증여금액으로 안분하여 증여세를 계산합니다.

Q 아버지께서 재혼하면 새어머니에게 5천만원을 세금없이 받을 수 있나요?
A 아버지와 혼인신고한 새어머니 역시 직계존속으로 보아 5천만원 공제를 받아 세금이 없습니다. 단, 기존에 부모님께 증여받은 적이 없어야 합니다.

05 할아버지 5천만원, 아버지 5천만원, 세금없이 받을 수 있을까?

질문

신혼집을 구입하면서 부족한 자금은 아버지와 할아버지께 증여받을 예정입니다. 두 분께 따로 받아도 증여재산을 합산해야하나요?

키워드

#직계존속의 배우자만 합산

답변

- 증여재산을 합산하는 부모님과 달리, 아버지와 할아버지는 증여에 있어서는 동일인으로 보지 않습니다.
- 즉, 각각의 증여재산에 대해 별도로 증여세를 계산하여 신고해야 합니다.
- 이때 5천만원의 증여재산공제는 먼저 받은 증여재산에서 공제합니다. 할아버지께 먼저 자금을 받았다면, 그 자금에서 5천만원을 공제합니다.
- 증여순서에 따라 증여공제 적용이 달라지고, 이에 따라 전체적인 증여세가 달라질 수 있으니 사전에 증여순서를 조율하는 것이 필요합니다.

참고

상증세법집행기준 53-46-1 【증여재산공제 방법】
② 2 이상의 증여가 그 증여시기를 달리하는 경우에는 2 이상의 증여 중 최초의 증여세과세가액에서부터 순차로 공제한다.

Q 할아버지와 아버지께 각각 1억원을 증여받았어요. 그런데 할아버지께 먼저 받은 경우에는 증여세가 얼마인가요?

A 먼저 증여받은 할아버지 증여재산에 대해 5천만원 증여공제를 적용하여 증여세를 계산합니다.

구 분	할아버지	아버지	합계
증여재산(A)	1억원	1억원	2억원
증여공제(B)	5천만원	–	
과세표준(C=A−B)	5천만원	1억원	
산출세액	5백만원	1천만원	
할증 후	6백5십만원	1천만원	1천6백5십만원

Q 아버지께 먼저 증여받은 경우에는 세금이 달라지나요?

A 할아버지 증여재산에 대해 증여공제를 받지 못하고, 그에 따른 할증과세액이 많아져 전체적인 증여세 부담액이 커집니다.

구 분	할아버지	아버지	합계
증여재산(A)	1억원	1억원	2억원
증여공제(B)	–	5천만원	
과세표준(C=A−B)	1억원	5천만원	
산출세액	1천만원	5백만원	
할증 후	1천3백만원	5백만원	1천8백만원

06 성인이 되는 날 추가로 받을 수 있는 금액은?

질문

미성년자일 때 부모님께 2천만원을 증여받았습니다.
성인이 되고 나서 주식투자에 관심이 생겼습니다.
그래서 부모님께 추가로 3천만원을 증여받아 주식투자를 하려고 합니다.
미성년자일 때 증여공제를 사용했으니, 추가로 증여받으면 세금이 나오겠죠?

키워드

#증여공제 한도

답변

- 미성년자가 부모님께 처음으로 2천만원을 증여받는 경우에 세금은 없습니다.
- 그리고 성인인 자녀는 5천만원까지 받아도 세금이 없습니다.
- 즉, 미성년 자녀가 성인이 되면 공제한도가 늘어나기에, 3천만원을 추가로 받아도 증여세를 부담하지 않습니다.

(공제한도 5천만원 − 기존 공제 2천만원 ＝ 사용가능 공제 3천만원)

참고

상증세법 제53조【증여재산 공제】
2. 직계존속[수증자의 직계존속과 혼인(사실혼은 제외한다. 이하 이 조에서 같다) 중인 배우자를 포함한다]으로부터 증여를 받은 경우: 5천만원. 다만, 미성년자가 직계존속으로부터 증여를 받은 경우에는 2천만원으로 한다.

Q 미성년자는 2천만원을 초과해서 받으면 세금을 부담해야 하죠?
A 네.

Q 미성년자가 부모님께 증여받을 때 세금이 할증되지 않나요?
A 할증되지 않습니다.

Q 그럼 언제 할증이 되나요?
A (아버지가 있는 상태에서) 할아버지가 손자녀에게 주는 경우에 증여세 산출세액의 30%만큼 할증이 됩니다. 참고로 할아버지께서 미성년자인 손자녀에게 20억원을 초과해서 증여해주면 40% 할증이 됩니다.

Q 정확하게 언제 성인이 되는 건가요?
A 민법상 만 나이를 기준으로 19세가 되면 성인으로 봅니다.

Q 미성년자일 때 2천만원, 성인이 되고 나서 추가로 3천만원을 부모님께 증여받으면 세금이 없죠?
A 네.

구분	미성년	성인	합산
증여재산(A)	2천만원	3천만원	5천만원
증여공제(B)	2천만원	3천만원	5천만원
과세표준(C=A−B)	−	−	−
↓			
증여세	−	−	−

07 용돈은 1억원도 세금이 없다?!

질문

아직 미성년자인 학생입니다.
아버지에게 용돈으로 매달 50만원 정도 받고 있습니다.
그동안 받은 용돈이 5천만원 넘는데, 증여세를 신고해야 하나요?

키워드

#피부양자, #생활비

답변

- 피부양자인 자녀에 대한 생활비 지원금액은 증여세 비과세 항목입니다.
- 생활비는 비과세 항목이기에 5천만원이 넘는 금액이라도 세금이 없습니다.
- 단, 생활비로 받은 금액이 비과세되는 증여재산에 해당하기 위해서는 그 용도에 맞게 바로 사용해야 합니다.

참고

상증세법 제46조(비과세되는 증여재산)
다음 각 호의 어느 하나에 해당하는 금액에 대해서는 증여세를 부과하지 아니한다.
5. 사회통념상 인정되는 이재구호금품, 치료비, <u>피부양자의 생활비</u>, 교육비…

Q 미성년자인 학생이 받는 용돈(생활비)은 비과세 되는 거죠?
A 네.

Q 성년이 된 후에 받는 용돈은 비과세가 안되고, 증여세를 내야 하나요?
A 성년이 되어도 아직 경제활동 전이라서 부모님에게 부양할 의무가 있는 경우에는, 여전히 용돈을 받아도 증여세가 비과세됩니다.

Q 성년이 되어 본격적인 경제활동을 시작하면 더 이상 용돈에 대해 비과세가 안되는 거죠?
A 네. 직장생활을 통해 자력으로 생활을 유지할 수 있다면 부모님에게 부양의무가 없습니다.

08 할아버지의 용돈에 증여세가 과세되는 이유

질문

아직 미성년자인 학생입니다.
할아버지에게 용돈으로 매달 50만원 정도 받고 있습니다.
용돈으로 받았으니 세금문제는 없겠죠?

키워드

#부양의무, #조부모

답변

- 부모님이 있는 경우 미성년 자녀는 부모님의 피부양자입니다.
- 부양의무가 없는 손자녀에 대해 할아버지께서 지원하는 생활비는 비과세항목이 아닙니다.

참고

조심2020서0144, 2020.07.21
'사회통념상 인정되는 피부양자의 교육비'란 부양의무가 있는 자가 피부양자에게 지출한 돈을 말하는데, 부양의무가 없는 조부모가 손자녀의 교육비를 부담한 경우에는 비과세되는 증여재산에 해당하지 않는다 할 것인바…

Q 미성년자인 학생이 아버지에게 받는 용돈(생활비)은 비과세 맞죠?
A 네.

Q 할아버지에게 받을 때에는 증여세가 과세되고요?
A 네.

Q 그럼 할아버지에게 용돈 말고 학원비를 지원받으면 어떤가요?
A 피부양자가 아니라면 생활비, 교육비 모두 증여세 과세대상입니다.

Q 그런데 주위 이야기를 들어봐도 할아버지께 학원비를 받았다고 문제가 생기는 경우가 없습니다. 왜 그런가요?
A 할아버지의 지원금액은 상속세 조사과정에서 문제가 발생하는 경우가 많습니다. 그런데 대다수의 사람들은 상속세 조사대상이 아닙니다.
또한, 상속세 조사대상이라고 해도 금융거래내역에 대한 조사는 대상자 모두에 대해 이루어지지는 않습니다.

Q 부모님이 안계셔서 할아버지와 살고 있으면 어떤가요?
A 할아버지가 손자녀를 부양해야되는 상황에서는 할아버지에게 생활비 등을 세금없이 지원받을 수 있습니다.

09 5억원을 증여받으면 세금이 얼마일까?

질문

부모님께 5억원의 예금을 증여받으면, 증여세는 얼마인가요?

키워드

#5억원, #8천만원

답변

- 성인자녀가 부모님께 처음으로 5억원을 증여받으면 5천만원 공제를 적용하여 과세표준은 4억5천만원이 됩니다.
- 이때 해당 과세표준 구간에 적용되는 증여세율은 20%입니다.
- 과세표준에 20% 세율을 적용하면 증여세가 8천만원입니다.
  (산출세액 = 과세표준(4.5억원) × 20% − 1천만원 = 8천만원)

구 분	금액
증여재산(A)	5억원
증여공제(B)	5천만원
과세표준(C=A−B)	4억5천만원
↓	
증여세	8천만원

Q 주택구입자금으로 5억원이 필요해서 부모님께서 증여해주었습니다. 그런데 증여세를 납부하면 자금이 부족합니다. 세금은 부모님이 대신 납부해주셔도 될까요?

A 증여세는 재산을 증여받은 자녀가 납부해야 합니다. 만약 세금을 자녀가 아닌 부모님이 대신 납부한다면, 그 대납액 역시 증여재산에 포함됩니다.

Q 부족한 자금이 5억원입니다. 세금을 고려하면 얼마를 증여받아야 통장에 5억원이 남을까요?

A 증여세 납부액을 고려하면 약 6억 7백만원을 증여받아야 자녀의 통장에 5억원이 남게 됩니다.

구 분	금액(원)
증여재산(A)	607,142,857
증여공제(B)	50,000,000
과세표준(C=A-B)	557,142,857
↓	
증여세(D)	107,142,857
↓	
세후잔액(A-D)	500,000,000

10 세금없이 5억원 받는 방법

질문
부모님께 5억원을 받아도 증여세가 없는 경우가 있나요?

키워드
#창업자금 과세특례

답변
- 일반적인 증여의 경우 5억원을 증여받으면 증여세를 8천만원 정도 부담해야 합니다.
- 이와 달리 창업을 위한 자금으로 받게 되는 경우에는 일정 조건을 만족하면 5억원을 증여받아도 당장에는 부담할 증여세가 없습니다.

구 분	일반증여	창업자금증여
증여재산(A)	5억원	5억원
증여공제(B)	5천만원	5억원
과세표준(C=A-B)	4억5천만원	-
증여세	8천만원	-

참고

제30조의 5 【창업자금에 대한 증여세 과세특례】
창업자금에 대해서는 증여세 과세가액에서 5억원을 공제하고 세율을 100분의 10으로 하여 증여세를 부과한다.

Q 창업자금에 대한 증여세 과세특례를 적용받기 위한 요건에는 무엇이 있나요?

A (나이요건) 18세 이상인 거주자가
(나이요건) 60세 이상인 부모님으로부터
(재산요건) 토지, 건물 등 일정 재산을 제외한 재산을 증여받아
(업종요건) 법에서 정하는 일정 업종의 중소기업을 창업하는 등의
요건을 만족해야 증여세 과세특례를 받을 수 있습니다.

Q 창업자금을 증여받으면 언제까지 창업을 해야하나요?

A 증여받은 날로부터 2년 이내에 창업을 해야합니다.

Q 창업이란 무엇인가요?

A 부가세법 등에 따라 납세지 관할세무서장에게 사업자등록을 하는 것을 창업으로 보고 있습니다.

Q 창업자금을 사용하지 않고 보관하고 있어도 되나요?

A 증여받은 날로부터 4년이 되는 날까지 창업자금을 모두 해당 목적에 사용해야 합니다. 참고로 창업증여자금으로 토지, 건물 등 양도세가 과세되는 자산을 취득하면 특례가 적용되지 않으니 그 사용처에도 유의해야 합니다.

11. 프랜차이즈 커피전문점은 5억원을 받을 수 있나요?

질문
어떤 업종을 창업해야 5억원을 받아도 세금이 없나요?
커피전문점은 가능한가요?

키워드
#조세특례제한법 제6조 업종

답변
- 창업자금을 받을 때 증여세 과세특례가 적용되면 당장에는 5억원까지 세금이 없습니다. 해당 특례를 적용받기 위해서는 사전적으로 과세특례가 가능한 업종인지 확인해야 합니다.
- 커피전문점의 경우에는 한국표준산업분류상 비알코올 음료점업에 해당합니다.
- 하지만 조세특례제한법에 열거된 업종은 비알코올 음료점업이 아닌 음식점업이기에 커피전문점을 창업하면 과세특례를 적용받을 수 없습니다.

참고
제6조【창업중소기업 등에 대한 세액감면】
③ 창업중소기업과 창업벤처중소기업의 범위는 다음 각 호의 업종을 경영하는 중소기업으로 한다.
7. 음식점업

Q 병원을 개업할 때 증여받는 자금은 가능한가요?

A 병원, 의원, 한의원은 한국표준산업분류상 보건업에 해당합니다. 하지만 조세특례제한법에 열거된 업종은 보건업이 아닌 사회복지서비스업이기에 병원은 과세특례대상 업종이 아닙니다.

Q 사진촬영업을 하려는 경우에는?

A 사진관 등에서 인물을 촬영하는 경우에는 한국표준산업분류상 사진촬영업에 해당합니다. 조세특례제한법에 열거된 업종인 전문, 과학 및 기술서비스업에 해당하기에 사진촬영업은 과세특례대상업종입니다.
다만, 인생네컷, 포토이즘 등에서 볼 수 있는 동전 조작식 사진 촬영기 운영업의 경우에는 특례대상업종이 아닙니다.

Q 부동산임대업은 가능한가요?

A 주거용이든 비주거용이든 부동산임대업은 창업자금 과세특례 대상업종이 아닙니다.

12 부동산 증여 절차

질문
부모님께 부동산을 증여받을 계획입니다.
어떻게 진행하나요? 어디로 가야할까요?

키워드
#법무사, #세무대리인

답변

(사전 협의)
- 증여자인 부모님의 부동산 증여 의사 확인
- 증여실행 전 부동산 평가금액 및 부담세액 사전 확인
- 수증자인 자녀의 세금부담 능력 확인

↓

(증여등기 및 취득세)
- 관할 구청에 취득세 납부
- 법무사를 통한 부동산 증여등기접수

↓

(증여세 납부)
- 세무대리인을 통한 부동산 증여세 신고
- 증여세 납부방법 선택
- 관할 세무서에 증여세 납부

↓

(납부세금 출처 사후관리)
- 취득세, 증여세 납부시 부모님 자금이 일부 활용된 경우, 관련 자금에 대한 사후관리 필요

13 부동산을 증여받으면 부담하는 세금

질문
부동산을 증여받을 때 어떤 세금을 누가 납부해야 하나요?

키워드
#자녀, #취득세, #증여세

답변
- 부동산을 증여받을 때에는 취득세와 증여세를 부담해야 합니다.
- 해당 취득세와 증여세는 자산을 취득한 자녀가 부담해야 하기에, 증여를 실행하기에 앞서 자녀의 세금부담능력을 확인하는 것이 필요합니다.
- 자녀가 납부해야 할 세금을 부모님이 대신 납부한 경우에는 추가적인 증여에 해당할 수 있음에 유의해야 합니다.

참고

상증세법기본통칙 47-0…4 【부대비용의 증여세과세가액 산입】
증여재산을 취득하는데 소요된 부대비용을 증여자가 부담하는 경우에는 그 부대비용을 증여가액에 포함한다.

14. 10억원의 부동산, 증여세는 얼마인가요?

질문

시가 10억원의 부동산을 증여받으면, 증여세는 얼마를 부담해야 하나요?

키워드

#간단세율표 적용

답변

- 증여재산은 시가로 평가하기에 시가 10억원이 증여재산금액이 됩니다.
- 그리고 성인 자녀가 처음으로 증여받는 경우 5천만원 공제를 적용합니다.
- 증여재산에서 공제금액을 차감하면 과세표준이 나옵니다. 그 과세표준에 증여세율을 곱하면 증여세를 산출할 수 있습니다.
- (간단세율표) 산출세액＝과세표준(9.5억원)×30％－6천만원＝225백만원
- (기본세율표) 산출세액＝9천만원＋초과분(4.5억원)×30％＝225백만원

구 분	금액
증여재산(A)	10억원
증여공제(B)	5천만원
과세표준(C＝A－B)	9억5천만원
↓	
증여세	225백만원

PART 05 증여세편

■ **참고: 세율표**

- 기본세율표와 간단세율표 모두 그 계산결과는 동일합니다.
- 하지만 과세표준에서 일정 초과금액을 구해 세율을 곱하는 기본세율표보다는, 누진공제를 차감해주는 간단세율표가 상대적으로 적용하기 간편합니다.

＜기본세율표＞

과세표준	세율
1억원 이하	과세표준 × 10%
5억원 이하	1천만원 ＋ 초과분 × 20%
10억원 이하	9천만원 ＋ 초과분 × 30%
30억원 이하	2억 4천만원 ＋ 초과분 × 40%
30억원 초과	10억 4천만원 ＋ 초과분 × 50%

＜간단세율표＞

과세표준	세율
1억원 이하	과세표준 × 10%
5억원 이하	과세표준 × 20% －1천만원
10억원 이하	과세표준 × 30% －6천만원
30억원 이하	과세표준 × 40% －16천만원
30억원 초과	과세표준 × 50% －46천만원

15 증여세는 언제까지 신고해야 하나요?

질문

부모님께 아파트를 증여받았습니다.
증여세는 언제까지 신고해야 하나요?

키워드

#3개월

답변

- 증여세는 증여를 받은 날이 속하는 달의 말일로부터 3개월 이내에 납세지 관할 세무서장에게 신고해야합니다.
- 그리고 증여세를 신고하는 자는 그 신고기한까지 증여세를 납부해야 합니다.

참고

상증세법 제68조 【증여세 과세표준신고】
① 제4조의 2에 따라 증여세 납부의무가 있는 자는 증여받은 날이 속하는 달의 말일부터 3개월 이내에…

16. 지금 당장 내는 증여세 줄이는 방법

질문
증여세는 납부기한까지 일시에 납부해야 하나요?
나누어 납부할 수도 있나요?

키워드
#분납, #연부연납

답변
- 증여세는 그 납부기한까지 일시에 납부해야 합니다.
- 다만 납부할 증여세가 1천만원을 초과하면 납부기한이 지난 후 2개월까지 분할하여 납부할 수 있습니다.
- 또는 납부할 증여세가 2천만원을 초과하면 최대 5년의 범위 안에서 연부연납 허가를 신청할 수도 있습니다.

참고

상증세법 제70조【자진납부】
② 제1항에 따라 납부할 금액이 1천만원을 초과하는 경우에는 대통령령으로 정하는 바에 따라 그 납부할 금액의 일부를 납부기한이 지난 후 2개월 이내에 분할납부할 수 있다.

Q 납부할 증여세가 1천 5백만원이면, 지금 절반, 2개월 뒤에 절반을 납부할 수 있는 것인가요?

A 납부할 세액이 2천만원 이하라면, 지금 1천만원, 2개월 뒤에 5백만원을 분할하여 납부할 수 있습니다.

Q 납부할 증여세가 3천만원이면, 지금 절반, 2개월 뒤에 절반을 납부할 수 있는 것인가요?

A 네. 납부할 세액이 2천만원을 초과하면, 지금 1천 5백만원, 2개월 뒤에 1천 5백만원을 분할하여 납부할 수 있습니다.

Q 연부연납은 무조건 5년 신청할 수 있나요?

A 증여세 연부연납은 허가일로부터 최대 5년을 신청할 수 있습니다. 다만, 각 회분에 납부할 세액이 1천만원을 초과해야 합니다.

Q 연부연납은 신청서만 제출하면 될까요?

A 연부연납 허가를 받기 위해서는 납세담보를 제공해야 합니다. 납세담보에는 토지, 납세보증보험증권, 은행의 납세보증서 등이 있습니다.

17 증여받은 아파트는 얼마일까?

질문

부모님께 아파트를 증여받았습니다.
증여세 신고를 할 때, 얼마를 받았다고 해야 할까요?

키워드

#유사아파트, #매매사례가액

답변

- 거래가 활발하게 일어나는 아파트를 증여받는 경우에는 해당 아파트와 유사한 아파트의 거래금액(매매사례가액)을 확인하여 증여세신고를 하는 경우가 일반적입니다.
- 매매사례가액을 활용하기 위해서는 일정기간 범위 내의 가액인지를 확인해야 합니다. 일반적인 아파트 증여의 경우에는 증여일 전 6개월부터 증여일 후 3개월 사이의 매매사례가액을 활용합니다.

참고

상증세법시행령 제49조 【평가의 원칙등】
① …시가로 인정되는 것"이란 상속개시일 또는 증여일(이하 "평가기준일"이라 한다) 전후 6개월(증여재산의 경우에는 평가기준일 전 6개월부터 평가기준일 후 3개월까지로 한다)..

Q & A

Q 어떤 아파트가 비슷한 아파트인가요?
A 동일한 단지에 위치하면서 주거전용면적과 공동주택가격의 차이가 5% 이내인 아파트가 유사 아파트입니다.

Q 비슷한 아파트가 둘 이상으로 보입니다.
A 증여받는 아파트와 공동주택가격 차이가 가장 작은 주택을 유사 아파트로 선정합니다.

Q 증여일 전 6개월부터 증여일 후 3개월 사이에 매매사례가액이 없습니다.
A 납세자 또는 관할 세무서장의 요청으로 평가심위위원회를 개최하고, 그 심의를 거쳐 증여일 전 2년 이내의 매매사례가액을 활용할 수도 있습니다.

Q 거래가 없는 아파트는 감정평가를 받아도 될까요?
A 네. 해당 아파트에 대해 감정평가를 받으면 감정가액이 시가가 됩니다.

Q 감정가액과 매매사례가액이 모두 있는 경우에는 어떤 금액으로 신고하나요?
A 매매사례가액은 유사 아파트의 금액이고, 감정가액은 해당 아파트의 금액입니다. 해당 아파트의 시가인 감정가액을 우선 적용하여 증여세 신고를 합니다.

18 시세가 급락한 아파트의 증여취소 골든타임

질문

부모님께 아파트를 증여받았습니다.
그런데 아파트 가격이 당분간 하락할 것으로 예상되어 증여를 취소하고 나중에 증여받으려고 합니다. 증여를 취소할 수 있나요?

키워드

#증여세 신고기한

답변

- 아파트를 증여받은 후 해당 아파트를 부모님께 반환할 경우의 증여세 과세여부는 반환시기에 달려 있습니다.
- 증여받은 아파트를 증여세 신고기한 이내에 반환하는 경우에는, 처음부터 증여가 없었던 것으로 보아 당초 증여받을 때와 증여재산을 반환할 때 모두 증여세가 과세되지 않습니다.
- 이때 증여세는 과세되지 않더라도, 증여등기를 하며 이미 납부한 취득세는 환급받지 못할 수도 있음에 유의해야 합니다.
- 한편 증여세 신고기한이 경과한 후에 아파트를 반환하게 되는 경우에는 반환재산에 대해 증여세가 과세될 수 있습니다.

> **참고**
>
> **상증세법 제4조【증여세 과세대상】**
> ④ 수증자가 증여재산(금전은 제외한다)을 당사자 간의 합의에 따라 제68조에 따른 증여세 과세표준 신고기한까지 증여자에게 반환하는 경우(반환하기 전에 제76조에 따라 과세표준과 세액을 결정받은 경우는 제외한다)에는 처음부터 증여가 없었던 것으로 보며,

Q 증여세 신고기한은 언제인가요?

A 증여받은 날이 속하는 달의 말일부터 3개월입니다.

Q 증여세 신고기한 경과 후 3달 이내 반환했으면?

A 신고기한 경과 후 3개월 이내 반환하면, 최초 증여재산은 과세하지만, 반환하는 증여재산에 대해서는 과세하지 않습니다.

Q 증여세 신고기한 경과 후 3달 지나 반환했으면?

A 신고기한 경과 후 3개월 지나 반환하면, 최초 증여재산 뿐만 아니라 반환하는 증여재산에 대해서도 증여세가 과세됩니다.

※상증세법집행기준4-0-4【증여재산을 반환 또는 재증여한 경우】

	반환 또는 재증여시기	당초 증여재산	반환 증여재산
금전 외	증여세 신고기한 이내	과세제외	과세제외
	신고기한 경과후 3개월 이내	과세	과세제외
	신고기한 경과후 3개월 후	과세	과세
	증여재산 반환 전 증여세가 결정된 경우	과세	과세

19 아파트를 매매했는데 증여세가 나올 수 있다?

질문

부모님의 아파트를 매매계약에 의해 자녀가 구입하였습니다.
매매계약인데, 증여세를 납부할 수도 있나요?

키워드

#저가양도, #30%, #3억원

답변

- 부모님의 아파트를 자녀가 본인이 확보한 자금으로 시가에 구입하는 경우에는 별도의 증여세가 발생하지 않습니다.
- 시가에 의한 매매계약인 경우에는 아파트를 양도하는 부모님은 양도세를 부담하고, 구입하는 자녀는 취득세를 부담하면 됩니다.
- 그러나 시가의 일정 범위를 벗어난 저가로 아파트를 매매하는 경우에는 구입하는 자녀에게 증여세가 과세될 수 있음에 유의해야 합니다.

참고

상증세법시행령 제26조【저가 양수 또는 고가 양도에 따른 이익의 계산방법등】
② 법 제35조 제1항에서 "대통령령으로 정하는 기준금액"이란 다음 각 호의 금액 중 적은 금액을 말한다.
1. 시가의 100분의 30에 상당하는 가액
2. 3억원

Q&A

Q 가족 간 아파트 저가양도는 언제 유리한가요?

A 양도대상 아파트가 양도세 비과세요건을 만족했을 때, 자녀가 시가보다 저렴하게 구입할 수 있는 방법입니다. 저가양도 역시 매매거래이기 때문에 그 매매자금 출처 및 이체는 확실해야 합니다.

Q 아파트를 자녀에게 저가로 양도할 경우, 얼마나 저가로 줄 수 있나요?

A 시가의 30%와 3억원 중 작은 금액 만큼 저가로 매매해도 증여세는 발생하지 않습니다.

Q 10억원의 아파트를 7억원에 매매해도 증여세가 없겠네요?

A 네. 자녀가 7억원의 자금출처를 확보하고 이체하는 경우, 증여세 이슈없이 10억원의 아파트를 7억원에 구입할 수 있습니다.

Q 10억원의 아파트를 5억원에 매매하면 어떨까요?

A 5억원(시가와 매매가액의 차이)에서 3억원(기준금액)을 차감한 2억원은 증여재산에 해당하여 증여세를 부담해야 합니다.

Q 기준금액보다 더 저가로 거래해서 증여세를 부담하는 경우, 언제 증여했다고 보는 것 인가요?

A 양수일(또는 양도일)을 증여일로 하여 증여세 신고를 해야 합니다.

20 부모님 소유의 아파트에 증여세 없이 거주하는 방법

질문

부모님의 아파트에 자녀가 무상으로 살고 있습니다.
이때에도 증여세가 과세될 수 있나요?

키워드

#5년, #1억원, #13억원

답변

- 부모님의 아파트에 자녀가 무상으로 살고 있는 경우에도 일정 상황에서는 증여세가 과세될 수 있습니다.
- 부동산 무상사용에 따른 이익의 증여는 무상사용을 개시한 날을 증여일로 보며, 5년 단위로 그 이익을 계산합니다.
- 단, 이때 계산된 무상사용이익이 1억원 미만이라면 증여로 보지 않습니다.

참고

상증세법 제37조【부동산 무상사용에 따른 이익의 증여】
① 타인의 부동산(그 부동산 소유자와 함께 거주하는 주택과 그에 딸린 토지는 제외한다. 이하 이 조에서 같다)을 무상으로 사용함에 따라 이익을 얻은 경우에는 그 무상 사용을 개시한 날을 증여일로 하여 그 이익에 상당하는 금액을 부동산 무상 사용자의 증여재산 가액으로 한다.

Q 부모님의 아파트에 무상으로 살고 있기는 하지만, 부모님도 같이 있습니다.
A 아파트 소유자인 부모님과 함께 거주하고 있는 경우에는 부동산 무상사용이익을 계산하지 않습니다.

Q 부모님은 따로 살고 계시고, 자녀가 부모님의 아파트(시가20억원)에 무상으로 살고 있으면 증여세가 얼마나 나올까요?
A 20억원 아파트 무상사용에 대한 증여재산은 약 1.5억원입니다.

1	부동산가액	2,000,000,000원
2	요율	2%
3	연간 무상사용이익	40,000,000원
4	5년 현가계수	3.79079
5	무상사용이익	151,631,471원

Q 시가 13억원인 아파트를 무상으로 사용하는 경우에는?
A 무상사용이익이 1억원 미만이라 증여재산은 없습니다.

1	부동산가액	1,300,000,000원
2	요율	2%
3	연간 무상사용이익	26,000,000원
4	5년 현가계수	3.79079
5	무상사용이익	98,560,456원

21. 토지는 어떻게 평가하나요?

질문

부모님께 토지를 증여받았습니다.
증여세 신고를 할 때 얼마를 받았다고 해야 할까요?

키워드

#개별공시지가

답변

- 아파트와 달리 토지는 유사한 토지를 찾기가 쉽지 않고, 또한 거래가 빈번하지 않은 경우가 일반적입니다.
- 일반적인 토지 증여의 경우에는 해당 토지의 개별공시지가를 확인하여 증여세 신고를 합니다.

참고

상증세법 제61조【부동산 등의 평가】
① 부동산에 대한 평가는 다음 각 호의 어느 하나에서 정하는 방법으로 한다.
1. 토지
「부동산 가격공시에 관한 법률」에 따른 개별공시지가

Q&A

Q 토지는 공시지가로 신고하면 세금문제는 없겠죠?
A 일정 토지에 대해서는 국세청이 직접 감정평가를 할 수도 있습니다.

Q 어떤 토지가 감정평가 대상이 될 수 있나요?
A 지상에 건축물이 없는 나대지 등으로 시가와 공시지가의 차이가 큰 토지는 감정평가대상이 될 수 있습니다.

Q 공시지가와 시가가 구체적으로 얼마나 차이가 나야 감정평가 대상이 될까요?
A 국세청은 감정평가사업 관련 내부기준금액이 있지만, 이를 외부에 공개하고 있지는 않습니다.

Q 나대지가 아닌 토지는 감정평가 대상이 아니죠?
A 국세청 보도자료(20.1.31)에는 비주거용 부동산과·나대지를 감정평가사업대상 부동산이라고 발표했습니다. 다만, 그 이후의 조세심판사례 등을 보면, 해당 보도자료 외의 다른 부동산도 감정평가할 수 있다는 내용이 나오고 있습니다. (조심2022서2720, 2022.08.22. 등)

22 대출을 받아야 한다면 반드시 증여세 폭탄주의

질문

부모님께 토지를 증여받아 공시지가로 세금신고를 했습니다.
증여받은 토지 위에 건물을 올리려고 바로 은행에 가서 대출을 받았습니다.
그런데 왜 증여세를 더 납부하라고 연락이 왔을까요?

키워드

#근저당권

답변

- 시가가 없는 토지는 보충적 평가방법으로 공시지가를 활용합니다.
- 다만 이렇게 보충적으로 평가한 토지를 담보로 대출받아 금융기관이 근저당권을 설정했다면 해당 대출금액도 고려해서 토지를 평가해야 합니다.
- 즉, 토지의 공시지가와 대출금액 중에 큰 금액을 기준으로 증여세를 신고해야 합니다.

참고

상증세법 제66조【저당권 등이 설정된 재산 평가의 특례】
다음 각 호의 어느 하나에 해당하는 재산은 제60조에도 불구하고 그 재산이 담보하는 채권액 등을 기준으로 대통령령으로 정하는 바에 따라 평가한 가액과 제60조에 따라 평가한 가액 중 큰 금액을 그 재산의 가액으로 한다.

23 영농자녀가 농지를 증여받으면 세금이 없다

질문

부모님께서 3년 이상 계속 자경하던 농지를 증여받았습니다.
공시지가 기준으로 증여세 신고를 하고, 세금을 납부하면 되죠?

키워드

#자경농지, #영농자녀

답변

- 일반적으로 시가가 없는 토지를 증여받으면 공시지가를 기준으로 증여세를 신고하고, 납부합니다. 이때 원활한 영농의 승계를 지원하기 위한 목적으로 부모님의 자경농지를 영농자녀가 증여받는 경우에는 증여세 100%를 감면해주고 있습니다.
- 증여를 해주는 부모님은 농지 근처(직선거리 30 km이내)에서 거주하며 3년 이상 영농에 종사를 해야 합니다.
- 증여를 받는 자녀는 증여일 현재 18세 이상이고, 증여세 신고기한까지 농지 근처(직선거리 30 km이내)에서 거주하며 영농에 종사해야 합니다.

참고

조특법 제71조 【영농자녀등이 증여받는 농지 등에 대한 증여세의 감면】
1. 다음 각 목의 어느 하나에 해당하는 농지등
가. 농지: 「농지법」 제2조 제1호 가목에 따른 토지로서 4만제곱미터 이내의 것

Q 자경농민이 영농자녀에게 농지를 증여하면 증여세를 얼마나 감면해주나요?
A 농지에 대한 증여세 100%에 상당하는 세액을 감면해주고 있습니다.

Q 증여세가 많이 나와도 100% 감면해주나요?
A 감면받을 수 있는 증여세액의 한도는 5년간 1억원입니다.

Q 영농자녀에 대한 증여세 감면은 22년말까지 아니었나요?
A 25년말까지로 감면기한이 연장되었습니다.

Q 영농자녀는 증여세를 부담하지 않더라도 나중에 사전증여재산에 대한 상속세는 부담해야겠죠?
A 증여세를 감면받은 농지는 상속재산에 가산하는 증여재산으로 보지 않습니다.

Q 당장은 증여세를 감면받았는데, 나중에 추징당할 수도 있나요?
A 영농자녀가 증여세를 감면받은 농지를 5년 이내에 양도하는 경우에는 감면세액을 추징당할 수 있습니다. 또한 취학, 질병 등 정당한 사유 없이 영농에 종사하지 않을 때에도 추징당할 수 있으니 유의해야합니다.

24 큰 상가와 작은 상가는 평가방법이 다르다

질문

부모님께 상가를 증여받았습니다.
증여세 신고를 할 때 얼마를 받았다고 해야 할까요?

키워드

#기준시가, #감정평가

답변

- 시가와 보충적 평가금액과의 차이가 큰 상가는 국세청의 감정평가사업 대상 물건이 되어, 타의로 감정평가를 받아 증여재산을 평가할 수 있습니다.
- 이와 달리 감정평가사업 대상이 되지 않는 작은 상가는 기준시가 등 보충적 평가방법으로 평가할 수 있습니다.

참고

상증세법 제61조【부동산 등의 평가】
3. 오피스텔 및 상업용 건물
대통령령으로 정하는 오피스텔 및 상업용 건물에 대해서는 건물의 종류, 규모, 거래 상황, 위치 등을 고려하여 매년 1회 이상 국세청장이 토지와 건물에 대하여 일괄하여 산정·고시한 가액

Q 국세청장이 상가에 대해 고시하는 기준시가는 어디에서 확인할 수 있나요?
A 홈택스 – 기준시가 조회 – 오피스텔 및 상업용 건물에서 해당 상가의 주소를 입력하여 조회할 수 있습니다.

Q 홈택스에는 모든 상가의 기준시가를 조회할 수 있나요?
A 일정 규모 이상의 상업용 건물을 조회할 수 있습니다.

Q 홈택스에 조회되지 않는 규모의 상가는 기준시가를 어떻게 알 수 있나요?
A 상가는 토지와 건물로 이루어져 있습니다. 그래서 토지의 공시지가와 건물의 기준시가를 개별적으로 산출한 후 합산하여 상가의 기준시가를 확인합니다.

Q 상가를 담보로 대출받은 금액이 있습니다.
A 저당권이 설정된 상가의 경우에는 대출금액과 기준시가 중 큰 금액으로 해당 상가의 평가금액을 구합니다.

Q 기준시가와 대출금액 외에 상가를 증여받을 경우에 추가로 고려해야 할 사항이 있나요?
A 상가를 임대주고 있는 경우에는 보증금과 임대료를 환산한 금액 역시 기준시가 등과 비교해봐야 합니다.

25 상가를 받으면 증여세가 줄어드는 이유

질문

상가를 증여받으면 증여세 부담이 줄어드나요?

키워드

#연부연납, #임대료

답변

- 상가를 증여받는 경우에는 증여세 납부에 있어서 유리한 점이 있습니다.
- 감정평가액이 아닌 기준시가로 재산을 평가할 수 있는 작은 규모의 상가는 당장 납부해야 할 증여세 세액자체가 작습니다.
- 또한 최대 5년간 증여세를 나누어 납부할 수 연부연납제도를 활용할 수도 있습니다.
- 물론 토지 등 다른 재산도 연부연납을 신청할 수 있지만, 상가의 경우에는 매월 들어오는 임대료 수입으로 연부연납기간 동안 부담해야 할 증여세를 충당할 수도 있습니다.

참고

상증세법 제71조 【연부연납】
② 제1항에 따른 연부연납의 기간은 다음 각 호의 구분에 따른 기간의 범위에서 해당 납세의무자가 신청한 기간으로 한다.
2. 증여세의 경우: 연부연납 허가일부터 5년

Q 상가의 기준시가는 10억원, 감정평가액은 20억원인 경우에 증여세가 얼마나 차이날까요?

A 평가방법차이에 따른 증여세 차이는 약 383백만원입니다.

구 분	기준시가	감정가액
증여재산(A)	10억원	20억원
증여공제(B)	5천만원	5천만원
과세표준(C=A-B)	9억5천만원	19억5천만원
⬇		
증여세	225,000,000원	620,000,000원
	⬇ (3%세액공제)	
납부세액	218,250,000원	601,400,000원

Q 상가를 기준시가로 평가하여 증여신고하고, 연부연납 허가를 신청했으면 세금을 매년 얼마나 납부해야 하나요?

A 납부해야할 세액을 (연부연납기간 + 1)로 나눈 금액을 매년 납부해야합니다.

(단위: 원)

회차	연부연납금액	가산금	합계
최초납부	36,375,000		36,375,000
연부연납(1회차)	36,375,000	5,274,375	41,649,375
연부연납(2회차)	36,375,000	4,219,500	40,594,500
연부연납(3회차)	36,375,000	3,164,625	39,539,625
연부연납(4회차)	36,375,000	2,109,750	38,484,750
연부연납(5회차)	36,375,000	1,054,875	37,429,875
합계	218,250,000	15,823,125	234,073,125

Q 당초 증여세 납부세액보다 실제 납부해야 할 금액이 더 많네요?

A 연부연납을 신청하게 되면 연2.9%의 가산금을 추가로 부담해야 합니다.

26 상가(겸용)주택의 기준시가 구하는 방법

질문
주택이 포함된 상가를 증여받았습니다.
기준시가를 어떻게 산정하나요?

키워드
#개별주택가격, #기준시가

답변

- 국세청의 감정평가사업대상이 아닌 상가는 기준시가로 증여세 신고를 할 수도 있습니다. 상가의 기준시가는 건물의 기준시가와 토지의 개별공시지가를 각각 구하여 합산합니다.
- 만약 주택이 포함된 상가라면, 해당 부동산을 상가 부분과 주택 부분으로 구분해야 합니다.
- 즉, 주택으로 구분된 부분은 주택의 개별주택가격을 확인하고, 상가로 구분된 부분은 다시 상가건물의 기준시가와 상가토지의 공시지가를 합산하게 됩니다.

참고

사전-2018-법령해석재산-0527, 2019.02.18.
상가 겸용주택 평가 시 주택부분은 개별주택가격에 따르고 그 외 건물은 건물기준시가 평가 방법(필로티 면적 제외)에 따름

※상가겸용주택의 기준시가 구하는 순서

1. 해당 상가가 주택이 포함된 물건인지 확인
   ⬇
2. 부동산의 상가면적과 주택면적 구분 확인
   ⬇
3. 주택에 대해서는 개별주택공시가격 확인
   (부동산 공시가격알리미)
   ⬇
4. 주택을 제외한 상가건물 및 상가토지의 기준시가 확인
   (홈택스 및 부동산 공시가격알리미)
   ⬇
5. 상가겸용주택 기준시가 산출
   = 개별주택가격 + 상가건물 기준시가 + 상가토지 공시지가

Q 개별주택가격은 주택 건물의 공시가격인가요? 주택 토지 공시지가는 별도로 구해야 하나요?

A 개별주택가격은 주택 건물과 주택 부수토지를 포함한 기준시가입니다.

Q 건물과 토지를 합한 개별주택가격이 주택 토지만의 공시지가보다 낮다면?

A 주택 토지만의 공시지가가 더 높은 상황이어도, 개별주택가격이 공시되어 있다면 그 가격을 활용합니다.

2023년 부동산 세금 상식백과

PART 06

상속세편

- 01 장례를 치르고 해야 할 일
- 02 법으로 상속인을 정해 준다고?
- 03 상황별로 달라지는 배우자의 상속순위
- 04 법대로 하면 받을 수 있는 재산은?
- 05 배우자라도 상속재산의 50%를 받을 수 없다
- 06 상속인간 재산분할을 원만하게 합의할 수 있다면?
- 07 자녀들이 재산분할 협의를 했지만 유언장이 있었다면?
- 08 유언장에 나만 없다면?
- 09 반드시 3개월 내에 법원에 가야 하는 경우
- 10 피상속인의 빚이 많은 경우 현실적인 선택 대안
- 11 상속세는 어떻게 계산하나요?
- 12 상속세는 언제까지 신고해야하나요?
- 13 세무서가 상속세신고서를 검토하는 기한
- 14 끝날 때까지 끝난 것이 아닌 상속세 조사
- 15 부동산을 상속받는 경우 상속인이 부담해야 할 세금
- 16 적극적으로 활용해야 하는 상속세 분할납부
- 17 매매사례가액과 감정가액 중 무엇으로 아파트를 평가하나요?
- 18 10억원의 아파트뿐이라면 세금이 없을까?
- 19 자격있는 자녀가 아파트를 받으면 세금이 줄어든다
- 20 20억원의 아파트를 상속받을 때 배우자공제를 활용한다면?
- 21 손자녀에게 재산을 이전하는 경우 주의사항
- 22 수용된 토지는 어떻게 평가할까?
- 23 감정평가를 몇 군데 받아야 하나요?
- 24 손자녀에게 토지를 사전증여하면 좋은 이유
- 25 상가임대료에 따라 상속세가 달라진다?
- 26 국세청이 강제로 감정평가하는 상가 그리고 가산세
- 27 상속받은 재산을 팔고 싶어도 참아야 하는 기간

01 장례를 치르고 해야 할 일

질문

아버지 상속이 개시되었습니다.
상속세 신고를 위해 무엇을 준비해야 하나요?

키워드

#사망신고, #재산파악, #상속세 신고

답변

- 상속이 개시되면, 먼저 구청에 피상속인(아버지)의 사망신고를 합니다.
- 그리고 상속재산 파악을 위해 재산조회를 신청합니다.
- 파악된 재산을 평가하여 상속세 신고를 하고, 등기가 필요한 재산은 등기까지 완료합니다.

참고

가족관계의 등록 등에 관한 법률 제84조(사망신고와 그 기재사항)
① 사망의 신고는 제85조에 규정한 사람이 사망의 사실을 안 날부터 1개월 이내에 진단서 또는 검안서를 첨부하여 하여야 한다.

Q 사망신고, 상속재산조회, 상속세 신고 등의 절차는 언제까지 해야하나요?

A ① **사망신고(1개월)**
- 사망의 사실을 안 날부터 1개월 이내 사망신고를 해야 합니다.

② **상속재산 파악(사망신고 후)**
- 피상속인의 부동산, 주식, 예금, 현금 등의 재산을 파악합니다.
- 재산 뿐만 아니라 빚이 있는 경우 그 채무금액도 파악해야 합니다.
- 상속재산은 주민센터에 서류를 제출하여 조회를 요청할 수도 있고, 온라인으로(안심상속 원스톱서비스) 조회를 요청할 수도 있습니다.

③ **등기이전(6개월)**
- 상속재산 중 부동산이 있는 경우에는 등기이전을 해야 합니다.
- 부동산 등기이전을 하며 취득세도 납부합니다.

④ **상속세 신고 및 납부(6개월)**
- 재산이 파악되면 재산종류에 맞는 평가방법을 적용하여 상속재산금액을 평가하고, 상속세를 신고해야 합니다.
- 상속세는 상속개시일이 속하는 달의 말일로부터 6개월 이내에 신고합니다.

■ 참고: 재산조회 통합처리 신청서(서면)

사망자 및 피후견인 등 재산조회 통합처리에 관한 기준 [별지 제1호 서식]

접수번호			접수일				처리기간	7일~20일
신청인 (상속인, 성년후견인, 한정후견인, 상속재산관리인)	신청구분	사망자 재산조회	[ ]상속인		[ ]상속재산관리인	*접수처 신청자격 확인란	확인자 :	(서명 또는 인)
		피후견인 재산조회	[ ]성년후견인		[ ]한정후견인			
	성 명					주민등록번호		
	재산조회 대상자와의 관계		[ ]배우자 [ ]손자손녀	[ ]자녀 [ ]조카		[ ]부모 [ ]기타 ( )	[ ]형제자매 [ ]성년·한정후견인 상속재산관리인	
	연락처		전화번호		휴대전화		전자우편	
	도로명 주소							
재산조회 대상자 (사망자, 피후견인)	성 명					주민등록번호		
	사 망 일		년 월 일 *피후견인의 경우 기재하지 마세요			휴대전화	*상조회사 가입유무 확인을 원하는 경우 작성	
대리인 (대리신청 시에만 작성)	상속인(후견인) 과의 관계		[ ]법정대리인 [ ]임의대리인 *후견인은 임의대리인만 대리신청 가능			*접수처 대리인자격 확인란	확인자 :	(서명 또는 인)
	성 명					주민등록번호		
	연락처		전화번호		휴대전화		전자우편	
	도로명 주소							

재산조회 내용			
구분	조회 선택(조회를 원하는 항목 [ ]에 V 표시)		조회결과 확인 방법
금융거래	[ ]금융기관 전체 * 본 항목에 "V" 시에는 아래 항목에 "V"하지 않음 [ ]예금보험공사 [ ]은행 [ ]우체국 [ ]생명보험 [ ]손해보험 [ ]금융투자회사 [ ]여신전문금융회사 [ ]저축은행 [ ]새마을금고 [ ]산림조합 [ ]신용협동조합 [ ]한국예탁원 [ ]종합금융회사 [ ]한국신용정보원* [ ]대부업 CB에 가입한 대부업체 [ ]소상공인시장진흥공단 * 전국은행연합회, 신복·기신보, 한국주택금융공사, 한국장학재단, 서민금융진흥 원(舊 미소금융중앙재단), NICE평가정보, KCB, KED, 한국자산관리공사, 근로복지공단(대지급금 채무) 등 금융원의 금융거래조회 대상과 동일		1. 금융, 국세, 국민연금, 근로복지공단 퇴직연금, 소상공인정책자금대출 휴대폰 문자(SMS) 확인 후, 금융감독원 홈페이지, 국세청 홈택스,국민연금공단, 근로복지공단 퇴직연금, 소상공인정책자금 홈페이지에서 신청인이 조회결과를 각각 확인
국세	[ ] 국세 체납액 및 납부기한이 남아 있는 미납 세금, 환급금		2. 연금(국민연금, 근로복지공단퇴직연금 제외), 공제회 및 근로복지공단 대지급금 채무 휴대폰 문자(SMS) 확인 ※ 단, 연금 및 근로복지공단 대지급금 채무의 경우, 상속인(후견인) 본인에게만 결과 제공 (대리인에게 결과 제공 불가)
연금	[ ]국민연금 가입 및 대여금 채무 유무 [ ]사립학교교직원연금 가입 및 대여금 채무 유무 [ ]공무원연금 가입 및 대여금 채무 유무 [ ]군인연금 가입유무 [ ]근로복지공단 퇴직연금 가입유무		
공제회	[ ]건설근로자퇴직공제금 가입유무 [ ]군인공제회 가입유무 [ ]대한지방행정공제회 가입유무 [ ]과학기술인공제회 가입유무 [ ]한국교직원공제회 가입유무		
토지·건축물	[ ]개인별 토지 소유 현황 [ ]개인별 건축물 소유 현황		[ ]우편 [ ]문자(SMS) [ ]부서 방문수령
지방세	[ ]지방세 체납내역 및 납부기한이 남아 있는 미납 세금, 환급금		[ ]우편 [ ]문자(SMS) [ ]세무부서 방문수령
자동차	[ ]자동차 소유내역		[ ]문서 [ ]구술

02 법으로 상속인을 정해 준다고?

질문

갑작스러운 사고로 아버지가 돌아가셨습니다.
재산에 대한 유언도 없었고, 상속인 간에 재산분할협의가 잘 안됩니다.
법대로 하면 누가 상속을 받을 수 있나요?

키워드

#법정상속, #민법 제1000조

답변

- 피상속인에게 직계비속인 자녀가 있는 경우에는 자녀가 1순위 상속인입니다.
- 자녀가 없는 경우라면, 직계존속인 부모님이 2순위로 상속인이 됩니다.
- 피상속인에게 자녀와 부모님 모두 없는 상황에서는 3순위 상속인인 피상속인의 형제자매가 상속을 받게 됩니다. 단, 이때는 피상속인에게 배우자가 없는 상황이어야 가능합니다.

참고

민법 제1000조(상속의 순위)
①상속에 있어서는 다음 순위로 상속인이 된다.
1. 피상속인의 직계비속
2. 피상속인의 직계존속
3. 피상속인의 형제자매/ 4. 피상속인의 4촌 이내의 방계혈족

PART 06 상속세편

Q 피상속인에게 부모님과 자녀가 있는 경우에는 누가 상속인이 되나요?
A 최우선순위자인 자녀가 상속인이 됩니다.

※ 법정상속인 확인 과정
① 피상속인의 가족관계를 확인합니다.
- 피상속인에게 부모님과 자녀가 모두 있는 경우입니다.

② 가족의 상속순위를 확인합니다.
- 직계비속 자녀가 1순위이고, 직계존속 부모님은 2순위 상속인이 됩니다.

대상	순위
직계비속(자녀)	1순위
직계존속(부모님)	2순위
형제자매	—
친척	—

③ 상속인을 결정합니다.
- 가족들의 상속순위를 확인한 후 최우선순위자를 파악합니다.
- 1순위자와 2순위자가 동시에 있는 경우 1순위자만 상속인이 됩니다.
- 즉, 1순위 자녀가 있는 경우 2순위 부모님은 상속인이 될 수 없습니다.

구분	상속순위	상속인
부모님	2순위	X
자녀	1순위	O
형제자매	3순위	—
친척	4순위	—

Q 직계비속 자녀가 3명 있습니다. 누가 상속인이 되나요?
A 자녀 모두 1순위 상속인입니다. 3명의 자녀 모두 공동상속인이 됩니다.

03 상황별로 달라지는 배우자의 상속순위

질문
피상속인에게는 부모님과 자녀 외에 배우자도 있습니다.
피상속인의 배우자는 재산상속에서 몇 번째 순위인가요?

키워드
#직계존비속과 동순위

답변

- 피상속인에게 자녀 또는 부모님이 있는 경우, 피상속인의 배우자는 그들과 동순위로 상속인이 됩니다.
- 만약 자녀와 부모님이 모두 없는 경우에는 피상속인의 배우자가 단독상속인이 됩니다.
- 피상속인에게 자녀와 부모님, 그리고 배우자마저 없는 상황에서는 피상속인의 형제자매가 상속인이 될 수 있습니다.

참고

민법 제1003조(배우자의 상속순위)
①피상속인의 배우자는 제1000조제1항제1호와 제2호의 규정에 의한 상속인이 있는 경우에는 그 상속인과 동순위로 공동상속인이 되고 그 상속인이 없는 때에는 단독상속인이 된다.

Q 피상속인에게 부모님과 자녀, 그리고 배우자가 있는 경우에는 누가 상속인이 되나요?

A 최우선순위자인 자녀와 배우자가 공동상속인이 됩니다.

※배우자의 상속순위 확인 과정

① 피상속인의 가족관계를 확인합니다.
- 피상속인에게는 부모님과 자녀, 그리고 배우자가 있습니다.

② 가족의 상속순위를 확인합니다.
- 직계비속 자녀가 1순위이고, 직계존속 부모님이 2순위 상속인이 됩니다.
- 그리고 배우자는 자녀와 같은 1순위 상속인입니다.

대상	순위	비고
직계비속(자녀)	1순위	배우자도 1순위
직계존속(부모님)	2순위	O
형제자매	—	—
친척	—	—

③ 상속인을 결정합니다.
- 최우선순위자인 자녀와 배우자가 상속인이 됩니다.

구분	상속순위	상속인
부모님	2순위	X
자녀	1순위	O
배우자	1순위	O
형제자매	3순위	—
친척	4순위	—

Q 자녀가 없어 2순위 부모님이 상속인이 되는 경우에 배우자도 상속받을 수 있나요?

A 네. 2순위자인 부모님이 상속을 받게 되는 경우, 배우자 역시 피상속인의 부모님과 동일한 순위로 상속인이 됩니다.

04 법대로 하면 받을 수 있는 재산은?

질문

피상속인에게는 부모님과 자녀 2명이 있습니다.
그리고 배우자와는 상속개시 전에 이혼한 상태입니다.
법정비율대로 상속재산을 나눈다면 누가 얼마나 상속받는 것인가요?

키워드

#공동상속인, #균분

답변

- 피상속인에게 자녀가 있는 경우 자녀는 1순위 상속인이 됩니다.
- 배우자와는 상속개시 전에 이혼하였기에 그 배우자였던 자는 상속인이 될 수 없습니다.
- 그리고 1순위 상속인인 자녀가 2명이라면 2명의 자녀는 상속재산을 똑같이 나누어 받는 것이 원칙입니다.

참고

민법 제1009조(법정상속분)
①동순위의 상속인이 수인인 때에는 <u>그 상속분은 균분으로</u> 한다.

Q 성별에 따라 상속비율이 달라지진 않나요? 혹시 남자인 자녀와 여자인 자녀의 상속비율이 다른가요?

A 아닙니다. 성별에 관계없이 자녀들은 모두 1순위 상속자로 상속재산을 균등하게 배분받을 수 있습니다.

Q 그럼 성인인 자녀와 미성년자인 자녀는 상속비율이 달라지나요?

A 아닙니다. 성인여부와 상관없이 자녀의 상속비율은 동일합니다.

Q 피상속인에게 배우자 없이 자녀만 2명 있고, 상속재산은 35억원인 경우, 자녀 1명당 상속재산은 얼마인가요?

A 자녀 1명당 상속재산은 17억 5천만원입니다.

구분	상속비율	상속재산	비고
자녀A	1.0	17.5억원	35억원 × (1/2)
자녀B	1.0	17.5억원	35억원 × (1/2)
합계	2.0	35억원	—

05 배우자라도 상속재산의 50%를 받을 수 없다

질문
피상속인에게는 배우자와 자녀 2명이 있습니다.
반평생을 같이 살았던 배우자인데 상속재산의 절반은 받을 수 있죠?

키워드
#50% 가산

답변
- 피상속인에게 자녀가 있는 경우 자녀는 1순위 상속인입니다.
- 그리고 피상속인의 배우자는 자녀와 동순위로 1순위 상속인이 됩니다.
- 상속인인 자녀들 간에는 재산을 똑같이 나누는 것이 원칙이지만, 피상속인의 배우자는 자녀가 받는 상속재산의 50%를 가산하여 받습니다.
- 즉, 피상속인의 배우자는 자녀가 받는 상속재산보다 50%를 더 받을 수 있는 것이지, 상속재산의 절반을 받을 수 있는 것이 아닙니다.

참고

민법 제1009조(법정상속분)
②피상속인의 배우자의 상속분은 직계비속과 공동으로 상속하는 때에는 <u>직계비속의 상속분의 5할을 가산하고</u>, 직계존속과 공동으로 상속하는 때에는 직계존속의 상속분의 5할을 가산한다.

Q 피상속인에게 배우자와 자녀 2명이 있고, 상속재산은 35억원인 경우, 배우자는 상속재산으로 얼마를 받을 수 있나요?

A 배우자는 15억원의 상속재산을 받을 수 있습니다.

구분	상속비율	상속재산	비고
배우자	1.5	15억원	35억원 × (1.5 / 3.5)
자녀A	1.0	10억원	35억원 × (1.0 / 3.5)
자녀B	1.0	10억원	35억원 × (1.0 / 3.5)
합계	3.5	35억원	

Q 피상속인에게 자녀는 없고, 배우자와 부모님만 있어요.
이럴 때에도 배우자는 피상속인의 부모님보다 50% 더 받을 수 있나요?

A 네. 피상속인의 직계존속과 공동으로 상속받는 경우에도 배우자는 50%를 가산하여 받습니다.

Q 피상속인에게 자녀와 부모님은 없고, 형제만 있는 경우에는?
역시 형제들보다 50% 더 받을 수 있나요?

A 아닙니다. 피상속인에게 자녀와 부모님이 없으면 배우자는 단독상속인이 됩니다. 즉, 배우자는 상속재산의 100%를 받을 수 있습니다.

06 상속인 간 재산분할을 원만하게 합의할 수 있다면?

질문

피상속인에게는 2명의 자녀가 있고, 상속재산은 20억원입니다.
협의를 통하여 상대적으로 자금사정이 어려운 자녀가 상속재산을 더 많이 상속받기로 했습니다.
이렇게 상속인 간 협의가 잘 되면 꼭 법대로 분할하지 않아도 되나요?

키워드

#법보다 소통, #협의분할

답변

- 상속인들은 상속재산을 균등하게 법대로 분할하여 받을 수 있습니다.
- 하지만 법대로 분할하기 전에 상속인 간에 원활한 협의가 가능하다면, 협의내용에 따라 상속재산을 나눌 수도 있습니다.

참고

민법 제1013조(협의에 의한 분할)
①전조(유언관련조항)의 경우 외에는 공동상속인은 언제든지 그 협의에 의하여 상속재산을 분할할 수 있다.

Q 상속재산 20억원을 자녀 2명이서 어떻게 나눌 수 있나요?

A 법정비율대로 하면, 각각 10억원의 재산을 상속받지만, 상속인인 자녀 간 협의에 의해 그 분배비율은 얼마든지 달라질 수 있습니다.

대상	법정분할	협의분할(예)
첫째 자녀	10억원	7억원
둘째 자녀	10억원	13억원
합계	20억원	20억원

Q 상속재산을 어떻게 나누는지에 따라 상속세가 달라지나요?

A 네. 배우자상속공제, 동거주택상속공제 등 상속공제요건에 맞춰 재산분할을 하는 경우 절세를 할 수도 있습니다.

Q 상속공제내용에 맞춰 재산을 분할하면 좋은데, 공제내용을 잘 모르겠어요.

A 상속재산을 분할하기 전에 전문가와 상의해서 절세를 위한 분할방법을 확인해 볼 수도 있습니다.

Q 상속인들 간 협의가 지연되고 있는데 언제까지 협의를 완료해야 하나요?

A 상속세 신고기한까지 협의를 완료해야 상속세를 신고할 수 있습니다.
(신고기한: 상속개시일이 속하는 달의 말일로부터 6개월)

Q 신고기한 내 협의가 되지 않아 일단 상속등기를 먼저 했어요. 나중에 협의가 완료되면 상속지분을 변경해도 될까요?

A 재협의분할 결과 당초 신고한 상속지분이 변경되면, 지분이 감소한 상속인이 증가한 상속인에게 증여한 것으로 볼 수 있습니다.

■ 상속재산분할협의서(샘플)

상속재산분할협의서

20**년 **월 **일 피상속인(주민번호)의 사망으로로 인하여 개시된 상속에 있어 공동상속인 A, B는 다음과 같이 상속재산을 분할하기로 협의한다.

1. 상속재산 중 아래 재산은 A의 소유로 한다.
   토지 혹은 주택 지번 및 면적(m2)등 기입
   예금 얼마

2. 상속재산 중 아래 재산은 B의 소유로 한다.
   토지 혹은 주택 지번 및 면적(m2) 등 기입
   예금 얼마

위 협의의 성립을 증명하기 위하여 이 협의서 4통을 작성하고 아래에 각자 기명 날인하여 1통씩 보관한다.

20**년 월 일

공동상속인   A ㊞
주민등록번호 :
주 소 :

공동상속인   B ㊞
주민등록번호 :
주 소 :

07 자녀들이 재산분할 협의를 했지만 유언장이 있었다면?

질문

피상속인에게는 2명의 자녀가 있고, 상속재산은 20억원입니다.
상속재산 분배에 대한 협의는 원활히 이루어졌습니다.
그런데 피상속인의 물건을 정리하다 보니 유언장이 발견되었습니다.
그래도 상속인들 간 협의한 내용이 우선이겠죠?

키워드

#유언장, #피상속인의 의지

답변

- 상속재산분할시 법정분할보다 협의에 의한 분할을 우선적으로 적용합니다.
- 하지만 피상속인의 유언이 있다면 상황이 달라집니다. 이 경우에는 상속인들의 협의분할보다 피상속인의 의지가 담긴 유언에 의한 분할이 우선합니다.

참고

제1012조(유언에 의한 분할방법의 지정, 분할금지)
피상속인은 유언으로 상속재산의 분할방법을 정하거나 이를 정할 것을 제삼자에게 위탁할 수 있고 상속개시의 날로부터 5년을 초과하지 아니하는 기간 내의 그 분할을 금지할 수 있다.

Q 상속재산 20억원을 자녀 2명이서 어떻게 나눌 수 있나요?

A 유언장이 있다면, 자녀들의 의사와는 관계없이 유언장에 기재된 비율로 재산을 상속받습니다.

대상	법정분할	협의분할(예)	유언(예)
첫째 자녀	10억원	7억원	-
둘째 자녀	10억원	13억원	20억원
합계	20억원	20억원	20억원

Q 유언이 없었다면 상속인 간 협의에 의해 분할할 수 있는거죠?

A 네.

Q 혹시 유언장을 못 본 척 하고 숨기면 어떻게 될까요?
그럼 유언장이 없으니까 협의분할로 할 수 있죠?

A 유언장을 파기·은닉하는 행위는 상속인의 결격사유에 해당합니다.
즉, 유언장을 파기·은닉한 사람은 상속인이 될 수 없다는 점을 유의해야 합니다.

민법 제1004조(상속인의 결격사유)

다음 각 호의 어느 하나에 해당한 자는 상속인이 되지 못한다.
5. 피상속인의 상속에 관한 유언서를 <u>위조 · 변조 · 파기 또는 은닉한 자</u>

---

08 유언장에 나만 없다면?

질문

피상속인에게는 2명의 자녀가 있고, 상속재산은 20억원입니다.
피상속인은 상속재산분할에 대한 유언장을 미리 작성하고 공증도 적법하게 받아두었습니다. 상속개시 후 유언장을 열어보니 첫째 자녀만 빠져있습니다.
첫째 자녀는 상속재산을 받을 수 없나요?

키워드

#유류분, #최소한의 권리

답변

- 상속재산 분할시 협의분할보다 유언에 의한 분할이 우선합니다.
- 하지만 유언장에 없어 상속을 못 받는 상속인이라도, 일정 부분에 대해서는 상속받을 권리를 주장할 수 있습니다.
- 그 일정 부분이란 유류분을 말하며, 이는 해당 자녀가 법정상속분으로 받을 재산의 2분의 1 상당액입니다.

참고

민법 제1112조(유류분의 권리자와 유류분)
상속인의 유류분은 다음 각호에 의한다.
1. 피상속인의 직계비속은 그 법정상속분의 2분의 1
2. 피상속인의 배우자는 그 법정상속분의 2분의 1

Q 부모님을 가까이에서 모신 둘째 자녀에게 모든 재산을 상속해준다고 유언장에 기재되었습니다. 첫째는 한 푼도 못 받나요?

A 그래도 일정 금액은 유류분으로 청구할 수 있습니다.

대상	법정분할	유언	유류분
첫째 자녀	10억원	–	5억원
둘째 자녀	10억원	20억원	15억원
합계	20억원	20억원	20억원

Q 자녀의 유류분은 법정상속분의 절반 맞나요?

A 네.

Q 배우자의 유류분은 어떻게 되나요? 자녀와 동일한가요?

A 네. 자녀와 동일하게 법정상속분의 2분의 1입니다.

Q 그럼 배우자와 자녀는 동일한 금액의 유류분을 받을 수 있네요?

A 배우자는 자녀의 법정상속분보다 50%를 가산하여 상속받습니다. 그래서 유류분의 비율은 2분의 1로 동일해도 배우자의 유류분 금액은 자녀보다 더 많습니다.

Q 상속인의 유류분은 2분의 1이 되네요? 직계비속인 자녀가 없어 직계존속인 부모님이 상속인이 되어도 유류분은 동일한가요?

A 아닙니다. 직계존속의 유류분은 법정상속분의 3분의 1입니다.

09 반드시 3개월 내에 법원에 가야 하는 경우

질문

피상속인에게는 2명의 자녀가 있고, 상속재산은 20억원입니다.
그런데 재산을 조회해보니 상속채무가 30억원입니다.
채무가 너무 커서 상속을 포기하려고 합니다.
어디에서 상속포기를 해야 하나요?

키워드

#상속포기, #3개월

답변

- 상속포기를 하려는 상속인은 상속개시가 있음을 안 날로부터 3월 이내에 가정법원에 상속 포기의 신고를 하여야 합니다.
- 기한 내에 상속포기를 한 자는 처음부터 상속인이 아닌 것이 됩니다.
- 그리고 포기한 자의 상속분은 다른 상속인에게 법정비율대로 귀속됩니다.

참고

민법 제1019조(승인, 포기의 기간)
①상속인은 상속개시있음을 안 날로부터 3월내에 단순승인이나 한정승인 또는 포기를 할 수 있다. 그러나 그 기간은 이해관계인 또는 검사의 청구에 의하여 가정법원이 이를 연장할 수 있다.

Q & A

Q 자녀가 여러 명인데 장남인 제가 대표로 상속포기하면 되나요?
A 상속포기를 하는 경우 다른 상속인에게도 그 사실을 알려야 합니다.

Q 왜 다른 상속인이 저의 상속포기 여부를 알아야 하나요?
A 상속인 중 한 명이 상속포기를 하는 경우 그 상속지분이 다른 상속인들에게 넘어가기 때문입니다.
후순위 상속인들이 선순위 상속인의 상속포기를 모르는 경우, 피상속인의 채무를 떠안을 수 있습니다.

Q 선순위상속인이 상속포기를 한 후에 후순위상속인이 상속포기를 할 수 있나요?
A 아닙니다. 선순위상속인이 상속포기를 하지 않아도 후순위상속인이 먼저 상속포기 신고를 할 수 있습니다.

Q 후순위 상속인인 사촌들이 연락되지 않아요.
A 한정승인 제도를 활용하면 후순위 상속인들이 별도의 포기절차를 하지 않을 수도 있습니다.

10 피상속인의 빚이 많은 경우 현실적인 선택 대안

질문

피상속인에게는 2명의 자녀가 있고, 상속재산은 20억원입니다.
그런데 재산을 조회해보니 상속채무가 30억원입니다.
채무가 너무 크긴 하지만 손해를 안 보고 재산을 상속받을 수는 없나요?

키워드

#한정승인

답변

- 한정승인을 하려는 상속인은 상속개시 있음을 안 날로부터 3월 이내에 가정법원에 한정승인의 신고를 하여야 합니다.
- 한정승인을 한 자는 상속받은 재산의 범위 내에서 피상속인의 채무를 변제합니다.
- 이때, 상속인의 고유재산으로 상속받은 채무를 변제할 필요는 없습니다.

참고

민법 제1028조(한정승인의 효과)
상속인은 상속으로 인하여 취득할 재산의 한도에서 피상속인의 채무와 유증을 변제할 것을 조건으로 상속을 승인할 수 있다.

Q & A

Q 본인의 원래 재산이 아니라 상속받은 재산을 한도로 채무를 갚는 것이 한정승인이죠?

A 네.

Q 공동상속을 받으면 어떻게 되나요? 전체 상속재산을 한도로 연대하여 채무를 갚아야 하나요?

A 아닙니다. 공동상속을 받으면 상속인은 각자 받은 재산을 한도로 채무를 변제합니다.

Q 상속포기는 한 명의 상속인이 포기를 하면 다른 상속인에게 그 채무가 넘어갈 수 있는데, 한정승인도 그런가요?

A 아닙니다. 한정승인을 한 경우 후순위 상속인에게 상속이 넘어가지 않습니다. 즉, 후순위 상속인이 상속포기의 절차를 밟지 않아도 됩니다.

Q 재산도 1억원 받고 채무도 1억원 받으면 결국 상속으로 인한 이익은 없는데, 왜 한정승인을 하나요?

A 해당 재산(토지 등)이 평가금액보다 실제 더 매력적인 재산일 수 있습니다. 예를 들어 상속세 신고시 재산이 1억원으로 평가되었지만, 실제 시세 혹은 기대가치는 그보다 더 높을 수 있습니다. 또한 다른 상속인에게 채무가 이전되는 것을 막아주는 효과도 있습니다.

11 상속세는 어떻게 계산하나요?

질문
상속세는 어떻게 계산하나요?

키워드
#재산파악, #공제확인

답변
- 상속세를 계산하기 위한 첫 번째는 상속개시일 현재의 재산을 파악하는 것입니다.
- 또한 상속 당시에는 재산이 없더라도 사전에 증여받은 재산은 상속재산에 가산될 수 있으니 사전증여 여부를 확인하는 과정도 중요합니다.
- 증여공제에 비해 상속공제는 다양한 편입니다. 총상속재산을 확인한 후에 상속상황에 적용될 수 있는 공제항목이 있는지 검토해야합니다.
- 상속재산에서 공제금액을 차감한 후의 과세표준에 상속세율을 곱하면 상속세 산출세액이 나옵니다.

참고

상증세법 제3조【상속세 과세대상】
상속개시일 현재 다음 각 호의 구분에 따른 상속재산에 대하여 이 법에 따라 상속세를 부과한다.
1. 피상속인이 거주자인 경우: 모든 상속재산

■ 상속세 계산구조

① 상속재산 파악
- 상속개시일 당시의 상속재산을 확인해야합니다.
- 피상속인에게 귀속되는 재산 뿐만 아니라 채무가 있는지도 확인해야합니다.

② 사전증여재산 파악
- 상속개시 당시에는 재산이 없더라도 사전에 증여한 재산이 있는지도 확인해야 합니다.
- 상속인에게 10년 이내에 사전증여한 재산은 상속재산에 가산됩니다.
- 참고로 상속인이 아닌 자에게 사전증여를 했다면, 5년 이내의 사전증여재산만 상속재산에 가산됩니다.

③ 공제가능금액 확인
- 상속재산을 파악했으면, 차감할 상속공제금액이 얼마인지 확인해야 합니다.
- 배우자공제, 일괄공제의 기본적인 공제 외에 금융재산상속공제, 동거주택상속공제 등을 적용할 수 있는지에 대해 검토해야 합니다.

④ 상속세율표 적용
- 상속재산에서 채무와 공제금액을 차감한 후의 과세표준이 나오면, 그 과세표준에 상속세율을 곱하여 산출세액을 구합니다.
- 이때 세대를 건너뛰어 손자녀가 상속을 받는 경우에는 상속세가 할증되는 부분이 있습니다.

⑤ 신고 및 납부
- 상속세 신고기한 내에 신고를 하고 총 납부세액을 확인했으면 자금사정에 맞게 납부방법을 선택합니다.

12 상속세는 언제까지 신고해야하나요?

질문

아버지께서 갑자기 돌아가셨습니다.
상속세는 언제까지 신고해야하나요?
또 언제까지 세금을 납부해야하나요?

키워드

#6개월

답변

- 상속세는 상속개시일이 속하는 달의 말일로부터 6개월 이내에 납세지 관할 세무서장에게 신고해야합니다.
- 납부해야할 상속세가 있는 경우, 해당 신고기한까지 상속세를 납부해야합니다.
- 예를 들어, 2월 중에 상속이 개시된 경우에는 8월말까지 상속세 신고 및 납부가 완료되어야 합니다.

참고

상증세법 제67조【상속세 과세표준신고】

① 제3조의 2에 따라 상속세 납부의무가 있는 상속인 또는 수유자는 상속개시일이 속하는 달의 말일부터 6개월 이내에 제13조와 제25조 제1항에 따른 상속세의 과세가액 및 과세표준을 대통령령으로 정하는 바에 따라 납세지 관할세무서장에게 신고하여야 한다.

Q 상속세를 기한 내에 신고하지 않으면 어떻게 되나요?
A 상속세 뿐만 아니라 가산세(신고불성실가산세 및 납부불성실가산세)도 부담하게 됩니다.

Q 재산이 없어 납부해야 할 상속세가 없어도 가산세가 있나요?
A 납부할 상속세가 없으면 가산세부담은 없습니다.

Q 상속세가 없다면 신고를 하지않아도 되겠네요?
A 네. 상속세가 없으면 신고를 하지 않을 수도 있습니다.

Q 상속재산이 많지 않아도 신고하면 좋은 이유가 있나요?
A 1) 상속인이 파악하지 못한 재산이 있는 경우에는 상속세가 발생할 수 있으며, 이 경우 가산세를 추가로 부담하게 될 수 있어 주의해야 합니다.
2) 또한 무신고가산세보다 과소신고가산세가 더 낮아 신고를 하면 가산세 부담이 줄어듭니다.
3) 그리고 상속받은 자산의 양도소득세까지 고려하면 상속세 신고가 유리한 경우가 있습니다.

■ 증여세와 비교

[Check] 증여세의 신고 및 납부기한은?
- 증여세는 증여를 받은 날이 속하는 달의 말일로부터 3개월 이내에 신고하여야하며, 신고기한까지 세액을 납부해야합니다.
- 예를 들어, 2월에 증여를 받은 경우 5월말까지 증여세 신고를 하고 세금을 납부해야 합니다.

13 세무서가 상속세신고서를 검토하는 기한

질문

아버지 상속이 2월에 개시되었습니다.
8월말까지 상속세 신고를 하고 세금납부도 완료했습니다.
세금도 전액 납부했으니, 상속세 관련 일은 끝난거죠?

키워드

#결정기한, #신고기한+9개월

답변

- 상속세는 상속인이 신고를 하면 끝나는 것이 아니라, 과세관청이 그 세액을 결정해야 종결됩니다.
- 신고기한 내에 상속인이 상속세 신고를 하면, 신고기한으로부터 9개월까지 과세관청이 신고내용을 검토하고 상속세를 결정합니다.
- 추가적인 자료검토가 필요한 경우 상속세 조사일정을 별도로 정하여 상속인에게 통지할 수도 있습니다.

참고

상증세법시행령 제78조【결정·경정】
① 법 제76조 제3항의 규정에 의한 법정결정기한은 다음 각호의 1에 의한다.
1. 상속세
.법 제67조의 규정에 의한 상속세과세표준 신고기한부터 9개월

Q&A

Q 세무서가 상속세를 조사해서 세금이 더 많이 나오면 연락이 오나요?
A 네. 과세표준과 세액의 산출근거를 기재한 납부고지서 등을 상속인에게 통지합니다.

Q 어떤 경우에 세무서에서 연락이 올까요?
A 상속재산을 누락한 경우, 재산에 대한 평가방법을 잘못 적용한 경우, 혹은 피상속인과 상속인 간 증여로 추정되는 금융거래가 있는 경우 등에 연락이 올 수 있습니다.

Q 상속인이 3명이면 대표로 1명에게만 통지하나요?
A 상속인이 2명 이상인 경우 모두에게 통지를 합니다.

■ 증여세와 비교

> [Check] 증여세의 결정기한은?
> - 증여세는 증여를 받은 날이 속하는 달의 말일로부터 3개월 이내에 신고해야하며, 과세관청은 신고기한으로부터 6개월 이내에 증여세를 결정해야 합니다.
> - 예를 들어, 2월에 증여를 받은 경우 5월말까지 증여세 신고를 하고, 과세관청은 11월말까지 증여세액을 결정해야 합니다.

14 끝날 때까지 끝난 것이 아닌 상속세 조사

질문

아버지 상속이 2월에 개시되었습니다.
상속세를 신고했고, 또한 과세관청의 상속세 조사도 완료되어 결정된 세금을 추가로 납부하였습니다.
과세관청의 조사까지 끝났으니 상속세 문제는 정말 끝난거죠?

키워드

#30억원, #5년

답변

- 결정된 상속재산이 30억원 이상인 경우에는 상속개시일로부터 5년간 세무서의 사후관리 대상이 됩니다.
- 사후관리 기간 내에 상속인이 보유한 부동산, 주식 등 주요재산이 상속개시 당시에 비하여 크게 증가한 경우에는 상속세 신고내역에 탈루 및 오류가 있는지에 대해 추가적인 조사가 이루어질 수 있습니다.

참고

상증세법 제76조【결정 · 경정】
⑤ 세무서장등은 제4항을 적용할 때 제1항이나 제2항에 따라 결정된 상속재산의 가액이 30억원 이상인 경우로서 상속개시 후 대통령령으로 정하는 기간 이내에 상속인이 보유한 부동산, 주식, 그 밖에 대통령령으로 정하는 주요 재산의 가액이 상속개시 당시에 비하여 크게 증가한 경우에는 …

Q 상속개시 당시와 비교해서 부동산, 주식 등 재산이 크게 증가하면 사후관리 대상이 될 수 있는 것인가요?

A 네.

Q 상속개시 후에 부동산을 취득했습니다. 상속받은 예금으로 주식투자를 했고, 투자결과가 좋아서 부동산을 취득했는데, 문제가 될까요?

A 타인명의 등을 활용하여 신고를 누락한 상속재산을 추적하는 것이 사후관리의 주된 목적입니다. 즉, 주식투자내역, 소득현황을 고려해서 재산증가내역이 정상적인 범위 이내라면 조사대상이 되지 않습니다.

15 부동산을 상속받는 자가 부담해야 하는 세금은?

질문

부동산을 상속받을 때 어떤 세금을 부담해야 하나요?

키워드

#상속세, #취득세

답변

- 부동산을 상속받을 때에는 취득세와 상속세를 부담해야 합니다.
- 해당 취득세와 상속세는 재산을 상속받는 자가 부담해야 합니다.
- 당장 거액의 상속세를 납부할 수 없다면, 분납 및 연부연납 등의 납부방법을 선택할 수도 있습니다.
- 그리고 상속세는 상속인 각자가 받은 재산을 한도로 연대하여 납부할 의무가 있기에 일정 한도 내에서 다른 상속인이 세금을 납부해 줄 수도 있습니다.

참고

상증세법 제3조의 2 【상속세 납부의무】

③ 제1항에 따른 상속세는 상속인 또는 수유자 각자가 받았거나 받을 재산을 한도로 연대하여 납부할 의무를 진다.

16 적극적으로 활용해야 하는 상속세 분할납부

질문

증여세는 최대 5년간 나누어 납부할 수 있는데, 상속세의 연부연납기간도 5년인가요?

키워드

#연부연납, #상속세 10년

답변

- 납부할 증여세가 2천만원을 초과하면 최대 5년의 범위 안에서 연부연납허가를 신청할 수 있습니다.
- 상속세 역시 납부할 상속세가 2천만원을 초과할 때 연부연납허가를 신청할 수 있는 점은 동일합니다.
- 다만, 22년 1월 1일 이후 상속이 개시되는 분부터는 납세편의를 제고하기 위해 상속세의 연부연납 허용기간이 최대 10년으로 확대되었습니다.

참고

상증세법 제71조【연부연납】
① 납세지 관할세무서장은 상속세 납부세액이나 증여세 납부세액이 2천만원을 초과하는 경우에는 … 연부연납을 허가할 수 있다.
1. 나. 그 밖의 상속재산의 경우: 연부연납 허가일부터 10년
2. 증여세의 경우: 연부연납 허가일부터 5년

Q 상속세 연부연납신청서를 제출하면 세무서장의 허가여부를 언제 알 수 있나요?
A 관할 세무서장은 상속세 결정기한까지 연부연납 허가여부를 서면으로 통지해야 합니다.

Q 연부연납 관련 허가통지서를 받은 내역이 없으면?
A 상속세 결정기한까지 그 허가여부에 대해 서면으로 발송받은 내역이 없으면, 해당 연부연납을 허가받은 것으로 보고 있습니다.

Q 상속세 연부연납을 10년으로 신청했는데, 중간에 자금 여유가 생겨 연부연납기간을 단축할 수도 있나요?
A 연부연납을 허가받은 자는 그 기간의 단축을 서면으로 신청할 수 있습니다. 연부연납기간이 변경되면 그 변경된 기간에 따라 연부연납가산금을 다시 계산해야 합니다.

17 매매사례가액과 감정가액 중 무엇으로 아파트를 평가하나요?

질문

상속재산으로 아파트만 있고, 해당 아파트와 유사한 아파트의 매매사례가액도 확인했습니다. 하지만 매매사례가액이 상속인이 기대한 금액과 너무 달라 감정평가를 따로 받을 예정입니다.
감정평가를 받으면 어떤 금액으로 상속세 신고를 해야 할까요?

키워드

#해당 아파트, #유사 아파트

답변

- 상속받은 아파트는 같은 단지에 위치한 유사한 아파트의 매매사례가액으로 평가하는 경우가 일반적입니다.
- 하지만 매매사례가액이 기대한 재산평가금액과 차이가 너무 커서 감정평가를 받은 경우에는 감정가액으로 상속재산을 평가할 수 있습니다.
- 매매사례가액은 유사한 아파트의 금액인데 반해, 감정가액은 상속받은 바로 그 아파트의 감정가액이기 때문에 감정가액을 우선적으로 적용합니다.

참고

상증세법시행령 제49조【평가의 원칙】
② … 다만, 해당 재산의 매매등의 가액이 있는 경우에는 제4항에 따른 가액을 적용하지 아니한다.
④ 제1항을 적용할 때 기획재정부령으로 정하는 해당 재산과 면적·위치·용도·종목 및 기준시가가 동일하거나 유사한 다른 재산.

18. 10억원의 아파트뿐이라면 세금이 없을까?

질문

상속재산으로 아파트만 있습니다.
아파트의 시가가 10억원이라면 상속세는 없죠?

키워드

#가족관계, #공제금액

답변

- 상속세는 기본적으로 상속재산에서 공제금액을 차감한 과세표준에 세율을 곱하여 계산합니다.
- 여기에서 상속재산금액은 아파트의 시가 10억원으로 정해졌습니다.
- 하지만 피상속인의 가족관계 등에 따라 적용되는 상속공제금액에서 차이가 나고, 그에 따라 상속세가 달라질 수 있습니다.

참고

상증세법 제25조【상속세의 과세표준 및 과세최저한】
① 상속세의 과세표준은 제13조에 따른 상속세 과세가액에서 다음 각 호의 금액을 뺀 금액으로 한다.
  1. 제18조, 제18조의 2, 제18조의 3, 제19조부터 제23조까지, 제23조의 2 및 제24조의 규정에 따른 상속공제액

Q 10억원의 아파트를 상속받을 때 세금이 안 나올 수 있죠?

A 피상속인에게 배우자와 자녀가 있는 경우에는 기본적인 공제금액이 있어 세금이 없습니다.

구 분	금액	비고
상속재산(A)	10억원	
상속공제(B)	10억원	일괄공제 5억원 배우자공제 5억원
과세표준(C=A−B)	−	
↓		
산출세액	−	

Q 같은 10억원의 상속받은 아파트라도 세금이 나올 수도 있나요?

A 피상속인에게 자녀만 있고, 일괄공제만 적용되는 상황이라면 세금을 부담해야 합니다.

구 분	금액	비고
상속재산(A)	10억원	
상속공제(B)	5억원	일괄공제 5억원
과세표준(C=A−B)	5억원	
↓		
산출세액	9천만원	

19 자격있는 자녀가 아파트를 받으면 세금이 줄어든다

질문

상속재산으로 20억원의 아파트가 있습니다.
그리고 피상속인에게는 배우자와 자녀 1명이 있습니다.
해당 자녀는 피상속인을 오랫동안 모시고 살았는데 세금혜택이 없을까요?

키워드

#동거주택 상속공제

답변

- 20억원의 상속재산이 있을 때 상속기본공제(10억원)만 적용된다면 상속세를 부담해야합니다.
- 이때 자녀가 피상속인과 10년 이상 하나의 주택에서 동거하는 등의 요건을 만족한다면, 자녀가 해당 아파트를 상속받아 추가적으로 동거주택 상속공제를 적용받을 수도 있습니다.
- 동거주택 상속공제는 상속받은 아파트 금액만큼 공제해주지만 그 한도는 6억원입니다.

참고

상증세법 제23조의 2 【동거주택 상속공제】
① 거주자의 사망으로 상속이 개시되는 경우로서 다음 각 호의 요건을 모두 갖춘 경우에는 상속주택가액의 100분의 100에 상당하는 금액을 상속세 과세가액에서 공제한다. 다만, 그 공제할 금액은 6억원을 한도로 한다.

- Q 동거주택 상속공제를 적용받기 위한 요건은?
- A 다음 세 가지 요건을 모두 만족해야 합니다.
  1) 피상속인과 상속인이 상속개시일부터 소급하여 10년 이상 계속하여 하나의 주택에서 동거할 것
  2) 피상속인과 상속인이 상속개시일부터 소급하여 10년 이상 계속하여 1세대를 구성하면서 1세대 1주택에 해당할 것
  3) 상속개시일 현재 무주택자이거나 피상속인과 공동으로 1세대 1주택을 보유한자로서 피상속인과 동거한 상속인이 상속받은 주택일 것

- Q 동거주택 상속공제를 적용받으면 세금이 얼마나 줄어들까요?
- A 상속기본공제만 적용받으면 2.4억원의 세금을 부담하지만, 동거주택 상속공제를 추가로 적용하면 세금부담은 많이 감소합니다.

구 분	기본공제	동거주택공제
상속재산(A)	20억원	20억원
상속공제(B)	10억원	16억원
과세표준(C=A−B)	10억원	4억원
↓		
산출세액	2.4억원	0.7억원

*동거주택 상속공제 6억원 가정

- Q 자녀가 아니라 배우자가 상속받아도 동거주택 상속공제를 적용할 수 있나요?
- A 아닙니다. 동거한 직계비속(자녀)이 상속받는 경우에 적용할 수 있습니다.

- Q 자녀가 먼저 사고로 떠나고, 며느리가 피상속인을 모시고 살았습니다.
- A 대습상속인이 된 며느리가 동거주택 상속공제 요건을 만족한 경우에는 그 며느리도 동거주택 상속공제를 적용받을 수 있습니다.

20. 20억원의 아파트를 상속받을 때 배우자공제를 활용한다면?

질문

상속재산으로 20억원의 아파트가 있습니다.
그리고 상속인으로는 배우자와 자녀가 있습니다.(자녀는 세대분리)
상속재산은 20억원으로 정해졌는데, 절세할 수 있는 방안이 있을까요?

키워드

#배우자의 법정지분, #최대 30억원

답변

- 피상속인에게 배우자와 자녀가 있는 경우 기본상속공제 10억원을 적용합니다.
- 이는 최소한의 공제금액으로, 재산분할을 통하여 추가적으로 배우자상속공제 금액을 늘릴 수 있습니다.
- 배우자상속공제는 최대 30억원을 한도로 배우자가 법정상속분만큼 실제로 재산을 상속받을 때 공제를 해주는 항목입니다.

참고

상증세법 제19조 【배우자 상속공제】
① 거주자의 사망으로 상속이 개시되어 배우자가 실제 상속받은 금액의 경우 다음 각 호의 금액 중 작은 금액을 한도로 상속세 과세가액에서 공제한다.
1. 다음 계산식에 따라 계산한 한도금액
2. 30억원

Q&A

Q 20억원의 아파트에 대한 배우자의 법정상속분은 얼마인가요?

A 상속인으로 배우자와 자녀가 있을 때, 배우자의 법정상속분은 12억원입니다. (20억원 × (1.5 / 2.5) = 12억원)
이 경우에 상속공제금액은 일괄공제 5억원과 배우자상속공제 12억원의 합인 17억원입니다.

Q 배우자상속공제를 활용하면 세금이 얼마나 줄어드나요?

A 기본공제만 적용할 때에 비해서 배우자상속공제를 활용하면 상속세가 2억원 가까이 줄어듭니다. 다만, 해당 재산을 재차상속받는 경우의 세부담은 별도로 고려해야 합니다.

구 분	기본공제	배우자공제
상속재산(A)	20억원	20억원
상속공제(B)	10억원	17억원
과세표준(C=A−B)	10억원	3억원
↓		
산출세액	2.4억원	0.5억원

Q 사업사정상 혼인신고는 안했지만, 실제 같이 살고 있는 배우자도 배우자상속공제를 적용할 수 있나요?

A 혼인신고를 하지 않은 사실혼 관계에 있는 배우자는 배우자상속공제의 적용대상이 아닙니다.

21 손자녀에게 재산을 이전하는 경우 주의사항

질문

상속재산으로 아파트가 있습니다. 그리고 피상속인에게는 자녀와 손자가 있습니다. 자녀는 못 미더워 손자에게 아파트를 유증했는데, 불리한 점이 있을까요?

키워드

#공제축소, #할증과세

답변

- 자녀보다 오히려 경제관념이 확실한 손자녀에게 아파트를 유증해주는 경우도 있습니다. 하지만 손자녀가 재산을 상속받으면 불리한 점이 있습니다.
- 먼저 선순위 상속인이 아닌 손자녀에게 재산을 유증하면 그만큼 상속공제한도가 축소됩니다. 공제한도가 줄어드는 만큼 상속세 부담이 커질 수 있습니다.
- 그리고 손자녀가 상속받으면 세대를 건너뛰어 상속받은 것이기에 상속세 할증과세가 적용됩니다.

참고

상증세법 제27조【세대를 건너뛴 상속에 대한 할증과세】
상속인이나 수유자가 피상속인의 자녀를 제외한 직계비속인 경우에는 제26조에 따른 상속세산출세액에 상속재산 중 그 상속인 또는 수유자가 받았거나 받을 재산이 차지하는 비율을 곱하여 계산한 금액의 100분의 30(일정 경우 100분의 40)에 상당하는 금액을 가산한다.

Q. 손자녀가 상속받으면 상속세가 할증되나요?

A. 선순위 상속인의 상속포기로 후순위 상속인인 손자녀가 상속받는 경우에는 할증과세됩니다.

Q. 손자녀가 아파트를 상속받긴 했지만, 자녀가 먼저 사망하여 어쩔 수 없이 상속받은 상황입니다.

A. 대습상속인으로서 손자녀가 상속받은 경우에는 세대를 건너뛴 상속에 대한 할증과세를 적용하지 않습니다.

Q. 대습상속인인 손자녀에 대해서는 할증과세가 적용되지 않는데, 혹시 상속공제한도는 여전히 손자녀가 받는 만큼 줄어들까요?

A. 선순위상속인이 아닌 자에게 유증을 한 경우에 상속공제한도가 줄어듭니다. 대습상속인은 먼저 사망한 자녀의 순위에 갈음하여 선순위상속인으로 볼 수 있기에 공제한도가 줄어들지 않습니다.

22 수용된 토지는 어떻게 평가할까

질문

피상속인에게는 배우자와 자녀가 있습니다.
그리고 상속재산으로 토지만 있는데, 해당 토지가 상속개시 후 2개월 뒤에 수용되었습니다. 토지를 얼마로 신고해야하나요?

키워드

#보상가액

답변

- 일반적으로 토지는 개별공시지가로 평가하여 상속세 신고를 할 수 있습니다.
- 하지만 토지의 시가를 확인할 수 있는 경우에는 개별공시지가가 아닌 시가로 평가해야합니다.
- 토지가 수용된 경우에는 그 보상가액이 시가로 인정됩니다.

참고

상증세법 제60조【평가의 원칙 등】
② 제1항에 따른 시가는 불특정 다수인 사이에 자유롭게 거래가 이루어지는 경우에 통상적으로 성립된다고 인정되는 가액으로 하고 수용가격·공매가격 및 감정가격 등 대통령령으로 정하는 바에 따라 시가로 인정되는 것을 포함한다..

Q 토지가 일부만 수용되었어요. 그럼 그 부분만 보상가액으로 하면 될까요? 나머지 부분은 공시지가로 신고하고요.

A 수용되지 않은 일부 토지가 해당 토지의 특성, 이용상황 등을 종합적으로 고려한 결과 수용된 토지와 동일한 경우에는 전체 토지를 수용보상가액으로 평가합니다.

Q 토지에 대해 감정평가를 받았는데, 수용이 되었다면 토지를 어떤 금액으로 평가하나요?

A 토지에 대한 감정가액과 보상가액은 이를 각각 시가로 볼 수 있습니다. 시가로 보는 가액이 2 이상인 경우에는 감정가액평가서 작성일과 보상가액 결정일 중 상속개시일로부터 가장 가까운 날에 해당하는 가액을 시가로 보고 있습니다.

23 감정평가를 몇 군데 받아야 하나요?

질문
나중에 토지를 양도할 때 세금부담을 줄이기 위해 감정평가를 받으려합니다. 하나의 감정평가기관에만 연락하면 되겠죠?

키워드
#기준시가 10억원

답변
- 토지를 감정가액으로 평가하여 상속세 신고를 하는 경우에는 둘 이상의 감정기관에 의뢰해야 합니다. 두 개 이상의 감정가액이 나오면 그 평균액을 토지의 시가로 보고 있습니다.
- 이때 토지의 기준시가가 10억원 이하라면 하나의 감정기관에만 의뢰할 수도 있습니다.

참고

상증세법시행령 제49조【평가의 원칙 등】

⑥ 법 제60조 제5항 전단에서 "대통령령으로 정하는 금액 이하의 부동산"이란 「소득세법」 제99조 제1항 제1호에 따른 부동산 중 기준시가 10억원 이하의 것을 말한다.

Q & A

Q 감정평가를 받지않으면 공시지가로 평가할 수도 있나요?

A 네. 가능합니다.

Q 그런데 굳이 감정평가를 받아야하나요?

A 토지를 상속받으면 상속세를 납부하고, 추후에 상속받은 토지를 양도하면 양도세를 납부해야 합니다. 이때 감정평가를 받은 토지는 그 취득가액이 높아져 양도세 부담이 줄어들 수 있습니다.

Q 상속개시일에는 토지의 기준시가가 10억원 이하였는데, 6개월 뒤 상속세 신고할 때의 기준시가는 10억원을 초과했습니다. 이 경우에는 감정평가를 2개 이상의 감정기관에서 받아야 하나요?

A 상속개시일에 확인된 기준시가에 의해 감정평가기관 개수를 결정합니다.

Q 감정평가를 받으면 수수료가 드는데, 비용처리할 수 있나요?

A 상속세 납부목적용 감정평가 수수료는 500만원을 한도로 상속세 신고시 공제받을 수 있습니다.

24 손자녀에게 토지를 사전증여하면 좋은 이유

질문

여러 필지의 토지가 있어 상속재산이 클 것으로 예상되는데, 사전증여를 하면 상속세 부담이 줄어들 수 있나요?

키워드

#증여당시 기준시가, #5년

답변

- 상속재산은 상속 당시의 시가로 평가하는 것이 원칙입니다. 시가 확인이 어려운 토지의 경우에는 보충적인 평가방법인 개별공시지가로 평가할 수 있습니다.
- 그리고 손자녀에게 사전에 증여해 준 토지가 있다면, 그 토지는 상속 당시가 아닌 증여일 현재의 기준시가로 평가하여 상속재산에 가산합니다. 과거의 낮은 공시지가로 평가되기에 그만큼 상속재산가액이 낮아질 수 있습니다.
- 또한 손자녀에게 토지를 사전증여한 후 5년이 지나서 상속이 개시되면, 그 토지는 상속재산에 포함되지 않습니다.

참고

상증세법집행기준 13-0-7【사전증여 재산가액의 평가】
① 상속재산가액에 합산하는 사전증여 재산가액은 상속개시일이 아닌 증여일 현재의 시가에 따라 평가하며 시가가 불분명한 경우에는 보충적 평가방법에 따라 평가한 가액에 따른다.

Q&A

Q 사전증여재산은 무조건 상속재산에 포함되나요?
A 사전증여 후 일정기간이 지나면 상속재산에 가산되지 않습니다.

Q 사전증여 후 얼마나 지나야 상속재산에서 제외되나요?
A 상속인인 자녀에게 사전증여를 한 경우에는 10년이 지나야 합니다. 상속인이 아닌 손자녀에게 사전증여한 경우에는 5년이 지나야 사전증여재산이 상속재산에 포함되지 않습니다.

Q 손자녀가 증여받으면 할증과세 때문에 증여세가 부담됩니다.
A 할증과세를 고려한 증여세 부담액과 그로 인해 줄어들 수 있는 상속세액을 비교하여 의사결정시 참고할 수 있습니다.

Q 사위나 며느리가 사전증여 받은 경우에는?
A 사위나 며느리는 상속인이 아닌 자이기에 사위 등에게 사전증여한 경우에는 5년 기간요건이 적용됩니다. 다만, 직계비속에 해당하지 않는 사위나 며느리는 증여받을 때 1천만원의 증여공제금액이 적용됩니다.

25 상가임대료에 따라
상속세가 달라진다?

질문

피상속인에게는 배우자와 자녀가 있습니다.
상속재산으로 상가만 있는데 자녀가 상속받기로 했습니다.
해당 상가의 기준시가는 10억원입니다. 그러면 상속세는 없죠?

키워드

#월세, #임대료환산

답변

- 기준시가 10억원의 상가를 상속받으면서 상속 기본공제 10억원이 적용되면 상속세 부담은 없습니다.
- 하지만 해당 상가가 위치가 좋아 임대료를 많이 받고 있다면 평가금액이 달라질 수 있습니다.
- 1년간의 임대료를 환산한 금액과 임대보증금을 합한 금액이 기준시가보다 높다면, 기준시가가 아닌 임대료 환산금액으로 상가를 평가해야 합니다.

참고

상증세법 제61조【부동산 등의 평가】
⑤ 사실상 임대차계약이 체결되거나 임차권이 등기된 재산의 경우에는 임대료 등을 기준으로 하여 대통령령으로 정하는 바에 따라 평가한 가액과 제1항부터 제4항까지의 규정에 따라 평가한 가액 중 큰 금액을 그 재산의 가액으로 한다.

Q&A

Q 기준시가 10억원의 상가만 있으면 상속세 부담은 없겠죠?

A 네. 피상속인에게 배우자와 자녀가 있어 기본공제 10억원이 적용되어 상속세는 나오지 않습니다.

구 분	금액	비고
상속재산(A)	10억원	기준시가
상속공제(B)	10억원	일괄제공5억원/배우자공제 5억원
과세표준(C=A−B)	−	
↓		
산출세액	−	

Q 기준시가 10억원의 상가를 자녀가 단독으로 상속받아도 세금이 없나요?

A 피상속인의 배우자가 상속받지 않아도, 배우자 상속공제는 최소 5억원을 적용받을 수 있습니다.

Q 임대보증금 2억원에 월임대료 1천만원을 받고 있으면 임대료 환산금액이 얼마인가요?

A 12억원입니다.

구 분	금액	비고
월임대료	1천만원	
연임대료	1억2천만원	월임대료×12개월
환산비율	0.12	
↓		
임대료환산(A)	10억원	연임대료 / 0.12
보증금(B)	2억원	
↓		
환산가액(A+B)	12억원	

Q 상가의 기준시가는 10억원, 임대료 환산금액은 12억원이라면?

A 둘 중 큰 금액인 임대료 환산금액으로 상가를 평가합니다.

26 국세청이 강제로 감정평가하는 상가 그리고 가산세

질문

규모가 큰 상가를 상속받았는데, 세금이 부담되어 기준시가로 상속세를 신고했습니다. 나중에 국세청이 상가에 대해 직접 감정평가를 하게 되면, 가산세도 추가로 부담해야 하나요?

키워드

#국세청의 감정평가, #가산세 ×

답변

- 상가를 상속받으면, 기준시가로 상가를 평가하여 상속세를 신고할 수 있습니다.
- 하지만 감정평가액과 기준시가와의 차이가 큰 상가에 대해서는 국세청이 직접 감정평가를 실시할 수도 있습니다. 그 결과 감정평가액을 기준으로 상속세를 추가적으로 부담해야 합니다.
- 하지만 감정평가로 인해 상속세는 더 부담해야 하지만, 이에 따른 추가적인 가산세를 부담할 필요는 없습니다.

참고

국세기본법 제47조의 3 【과소신고·초과환급신고가산세】
④ 다음 각 호의 어느 하나에 해당하는 경우에는 이와 관련하여 과소신고하거나 초과신고한 부분에 대해서는 제1항 또는 제2항의 가산세를 적용하지 아니한다.
다. 「상속세 및 증여세법」 제60조 제2항·제3항 및 제66조에 따라 평가한 가액으로 과세표준을 결정한 경우...

Q&A

Q 감정평가액과 기준시가와의 차이가 얼마나 커야 감정평가 대상이 되나요?

A 국세청의 내부기준을 외부에 공개하고 있지는 않습니다. 하지만 국세청도 정해진 예산 범위 내에서 감정평가를 의뢰해야 하기에 모든 상가에 대해 감정평가를 실시하기는 어려운 상황입니다.

Q 정말 국세청이 감정평가를 해도 가산세는 없나요?

A 감정평가금액과 기준시가와의 차이에 대해서 상속세 본세는 추징되지만, 별도의 가산세는 발생하지 않습니다.

참고: 2020.1.31. 국세청 보도참고자료 中

> ⑨감정가액으로 평가함에 따라 세금을 추가 납부하는 경우 가산세는 어떻게 되는지?
>
> ○ 납세자가 상속·증여재산에 대해 보충적 평가방법에 따라 신고하였으나, 과세관청이 평가심의위원회를 거쳐 감정가액을 시가로 평가함에 따라 추가 납부할 세액이 발생하는 경우
>   - **신고불성실 및 납부지연**('19.12.31. 이전 납부불성실) **가산세가 면제됩니다.**
>   (국세기본법§47의3④1.다. 및 같은법§48①2)

Q 상가와 주택이 같이 있는 겸용건물을 상속받으면, 상가부분에 대해서만 국세청이 감정평가를 할 수 있겠죠?

A 국세청 보도자료에는 비주거용 부동산과 나대지를 대상으로 감정평가사업을 시행한다고 되어있습니다. 그에 따라 겸용주택인 경우 상가부분에 대해서만 감정평가를 실시했습니다.(조심2021서0513, 2021.11.02.)
하지만 해당 보도자료에는 주택을 감정평가에서 제외한다는 명시적인 의견이 없어, 겸용건물의 주택에 대해서도 감정평가를 할 수 있다는 조세심판례가 나오고 있습니다.(조심2022서2720, 2022.8.22.)

■ **참고: 2020.1.31. 국세청 보도참고자료**

상속·증여세 과세형평성 제고를 위한
꼬마빌딩 등 감정평가사업 시행 안내

☐ **(시행배경)** 상속·증여세는 시가 평가가 원칙이나, 비주거용 부동산은 시가 대비 저평가되어 형평성 논란이 있어 왔습니다.
  ○ 이에 국세청은 불공정한 평가관행을 개선하고, 과세형평성을 제고하기 위해 감정평가사업을 시행하게 되었습니다.

☐ **(법령개정)** '19년 2월 「상속세 및 증여세법 시행령」 개정으로 평가기간 이후 **법정결정기한까지의 감정가액도 시가로 인정받을 수 있는 법적기반**이 마련되었습니다.

☐ **(평가대상)** 비주거용 부동산 및 지목의 종류가 대지 등으로 지상에 건축물이 없는 토지(나대지)를 대상으로 하며,
  ○ 보충적 평가방법에 따라 신고하여 시가와의 차이가 크고, 고가인 부동산을 중심으로 감정평가를 실시할 계획입니다.

☐ **(평가절차)** 감정평가는 둘 이상의 **감정기관에 의뢰**하고, 평가가 완료된 후에는 평가심의위원회 심의를 거쳐 시가로 **인정된 감정가액으로 상속·증여 재산을 평가**하게 됩니다.

☐ **(기대효과)** 감정평가사업의 시행으로 꼬마빌딩 등에 대한 **상속·증여세 과세형평성이 제고**될 것으로 기대되며,
  ○ 납세자의 자발적인 감정평가를 유도하여 자산가치에 맞는 적정한 세금을 신고·납부하는 등 성실납세 문화 확산에도 일조할 것입니다.

27 상속받은 재산을 팔고 싶어도 참아야 하는 기간

질문

국세청이 감정평가대상으로 관심을 가질 만한 상가는 아닙니다.
그래서 기준시가로 상속세 신고를 했는데, 매수자가 나타나서 상속개시일로부터 5개월 뒤에 양도하려 합니다.

키워드

#전후 6개월, #매매가액

답변

- 국세청의 감정평가대상이 되지 않는 상가는 기준시가로 평가하여 당장의 상속세 부담을 낮출 수 있습니다.
- 하지만 상가의 시가가 확인되는 상황이라면 보충적인 평가방법인 기준시가를 적용할 수 없습니다.
- 상속개시일 전후 6개월 사이에 상가의 매매사실이 확인되면, 그 거래가액을 시가로 보아 상속재산을 평가해야 합니다.
- 단, 매매금액으로 상속재산을 평가해도 상속공제 범위 이내라면 상속세와 양도세 모두 절세할 수도 있습니다.

> **참고**
>
> 상증세법시행령 제49조【평가의 원칙등】
> ① ...대통령령으로 정하는 바에 따라 시가로 인정되는 것"이란 상속개시일 전후 6개월이내의 기간 중 매매·감정...
> 1. 해당 재산에 대한 매매사실이 있는 경우에는 그 거래가액.

Q 상가를 상속받고 바로 팔지는 않았습니다. 그런데 세무서에서 연락이 올 수도 있나요?

A 연로하신 부모님께서 상가를 구입하고 2년 이내 상속이 개시되는 상황이 발생할 수 있습니다. 이렇게 상속개시일로부터 2년 이내에 매매한 금액이 있으면 기준시가가 아니라, 그 매매금액으로 상속재산이 평가되어 상속세 부담이 커질 수 있습니다.

Q 부모님이 오래 전에 구입한 상가입니다. 그러면 상속받고 6개월만 넘겨서 양도 하면 상속세 문제는 없겠죠?

A 상속세는 납세자의 신고로 종결되는 것이 아니라 세무서가 세액을 결정해야 종결되는 세금입니다. 만약 상속세 결정기한 내에 매매금액이 있다면, 세무서는 평가심의위원회 심의를 거쳐 해당 매매금액을 시가로 하여 상속세를 결정할 수 있습니다.

상속과 **증여**를 함께 고민한 **부동산과 세금**

초판 1쇄 발행　2023년 9월 22일

지은이　　우영제·이상규·이상벽·남경식·이선기

펴낸이　　우영제·이상규·이상벽·남경식·이선기
펴낸곳　　㈜미스틱
주소　　　세종특별자치시 갈매로351 에비뉴힐 B동 5152호
전화　　　1855-3413

편집기획　윈스기획
디자인　　주기선
인쇄　　　교학SPC

출판등록　제2021-000047호

ISBN　979-11-976241-2-4

저작권자 및 출판사의 허락 없이 이 책의 일부 또는 전체를 인용하거나 발췌하는 것을 금합니다.
책값은 뒤표지에 있습니다.
잘못된 책은 구입하신 서점에서 바꾸어드립니다.